BEI GRIN MACHT SIC
WISSEN BEZAHLT

Bibliografische Information der Deutschen Nationalbibliothek:

Die Deutsche Bibliothek verzeichnet diese Publikation in der Deutschen National-
bibliografie; detaillierte bibliografische Daten sind im Internet über http://dnb.d-
nb.de/ abrufbar.

Impressum:

Copyright © 2016 GRIN Verlag, Open Publishing GmbH
Druck und Bindung: Books on Demand GmbH, Norderstedt Germany
ISBN: 9783668615304

Dieses Buch bei GRIN:

https://www.grin.com/document/386182

Vanessa Gee

Konzeption einer YouTube-Lernplattform zur Klopfakupressur (EFT)

Erklärvideos zur Förderung von Gesundheitskompetenz für sozial benachteiligte Jugendliche

GRIN Verlag

GRIN - Your knowledge has value

Der GRIN Verlag publiziert seit 1998 wissenschaftliche Arbeiten von Studenten, Hochschullehrern und anderen Akademikern als eBook und gedrucktes Buch. Die Verlagswebsite www.grin.com ist die ideale Plattform zur Veröffentlichung von Hausarbeiten, Abschlussarbeiten, wissenschaftlichen Aufsätzen, Dissertationen und Fachbüchern.

Besuchen Sie uns im Internet:

http://www.grin.com/

http://www.facebook.com/grincom

http://www.twitter.com/grin_com

BACHELORARBEIT

Angefertigt im B.A. Bildungswissenschaft an der FernUniversität in Hagen
Lehrgebiet Bildungstheorie und Medienpädagogik

Thema der Arbeit:
Konzept einer YouTube-Lernplattform für junge Erwachsene im Übergang Schule-Beruf – Potentiale von Erklärvideos und Klopfakupressur als Stressmanagementmethode

Erstellt von: Vanessa Gee

Datum: 06.05.2016

Inhaltsverzeichnis

Abbildungsverzeichnis

Tabellenverzeichnis

1 Einleitung

„Jeder arbeitslose Jugendliche einer zu viel" (Bundespresseamt 2016). Bundeskanzlerin Angela Merkel betont in einer Pressemeldung der Bundesregierung im März 2016 die Dringlichkeit und Wichtigkeit wirksamer Maßnahmen gegen die „Ausbildungslosigkeit" junger Menschen. Problematisch ist, dass vor allem sozial benachteiligte Jugendliche verstärkt von Arbeitslosigkeit betroffen sind.

Das größere Vulnerabilitätsrisiko der Jugendlichen führt häufig zu Motivationsverlust bei der Ausbildungsplatzsuche und kann den gesamten beruflichen Sozialisationsprozess negativ beeinflussen (vgl. Oser & Düggeli 2008: 46-47). Auch Lübcke und Welling machen darauf aufmerksam, dass sich die berufsbiografische Entwicklung problematisch gestaltet, wenn der Versuch, in die Arbeitswelt einzutreten, zu einer belastenden Phase wird, die von Selbstzweifeln, Orientierungsproblemen, Enttäuschung und Abbrüchen begleitet ist (vgl. Lübcke & Welling 2015: 49). Wie das Forschungsprojekt „Prekäre Übergangsverläufe" von Großkurth u. a. (2015) in Analysen von Übergangsverläufen ehemaliger Haupt- und Förderschüler herausstellt, befindet sich noch vier Jahre nach der Pflichtschulzeit jeder vierte Hauptschüler und jeder zweite Förderschüler beruflich auf prekärem Weg. Wie die Studie außerdem aufzeigt, führen bei benachteiligten Jugendlichen multiple Problemlagen und insbesondere Störungen des seelischen Wohlbefindens zu Einschränkungen (vgl. Großkurth u. a. 2015: 14).

Laut Weltgesundheitsorganisation ist insbesondere die Förderung der psychischen Gesundheit eine wichtige Aufgabe des 21. Jahrhunderts, die in sozial-ökonomischen Bereichen und bildungspolitischen Kontexten wahrgenommen werden muss (vgl. WHO-Konferenz Psychische Gesundheit 2005). Da berufliche Verläufe auch indirekt wie z. B. durch psychische Belastungen beeinflusst sein können (vgl. Großkurth u.a. 2015: 44), wird die Problemstellung und Relevanz einer Intervention auf der Ebene der Jugendberufshilfe als pädagogische Aufgabe deutlich.

Die vorliegende Arbeit hat daher das psychische Wohlergehen benachteiligter Jugendlicher im Blick – d. h. bei der Zielgruppe ein Bewusstsein von der Bedeutung psychischen Wohlbefindens zu schaffen, indem die Stresskompetenz gefördert wird und damit auch letztlich die Ausbildungsfähigkeit.

Dazu wird ein Konzept für ein niederschwelliges, praktisches Hilfsangebot in Form von Erklärvideos auf der Videoplattform YouTube zur Selbstfürsorge mit der Methode „Emotional Freedom Technique" – Technik der Emotionalen Freiheit (im folgenden EFT abgekürzt) für Jugendwerkstatt-Teilnehmerinnen der Einrichtung „Soziale Integration Neue Arbeit" (im folgenden SINA abgekürzt) entwickelt. EFT ist eine leicht erlernbare, wirksame und nützliche Selbsthilfemethode bei Stress, Ängsten, Hilflosigkeit und anderen unangenehmen Gefühlen (vgl. EFT-DACH e. V. 2016).

Nach Gold und Lehman (2012) sollte eine niederschwellig angelegte Maßnahme zur Gesundheitsförderung so geschaffen sein, dass

- Personen ohne großen Aufwand daran teilnehmen können,

- die Maßnahme in den Lebenswelten der Menschen stattfindet,

- die Maßnahme von den Möglichkeiten und Fähigkeiten der Teilnehmenden ausgeht.

Wie diese Arbeit aufzeigt, können sich für eine niederschwellige Maßnahme Erklärvideos und YouTube aus dem Bereich der digitalen Jugendmedienkulturen als Zugang für Unterstützungs- und Beratungsangebote für Jugendliche eignen (vgl. Gold & Lehmann 2012: 41). Denn computervermittelte Kommunikation ist nicht nur zunehmend audiovisuell (vgl. Döring 2014: 293), sondern YouTube ist das beliebteste Internetangebot bei Jugendlichen (Feierabend, Plankenhorn & Rathgeb 2014), wie aus der Studie Jugend, Information, [Multi-] Media (JIM) von 2014 zum Medienumgang 12- bis 19-Jähriger hervorgeht.

Ziel dieser Arbeit ist es, die theoretischen Grundlagen darzulegen, die die Entwicklung eines Konzepts für EFT als Erklärvideo auf YouTube für benachteiligte jungen Frauen in der Berufsvorbereitung ermöglichen. Dieses Konzept wird abschließend dargestellt.

Die folgenden Fragen sind von besonderem Interesse:
Kann durch die teilnehmerinnengerechte Lehrmethode ein Beitrag zum Abbau von Benachteiligung geleistet werden?

Welches Potential haben dabei Erklärvideos und YouTube als Lernumgebung sowie die Methode EFT zur Entwicklung von Stresskompetenz für benachteiligte Jugendliche im Übergang Schule und Beruf – besteht ein Bedarf nach persönlicher Stabilisierung und wie sollte das mediendidaktische Konzept für die Zielgruppe der Teilnehmerinnen der Jugendwerkstatt SINA gestaltet sein?

Kann neben der Präsentation von Inhalten der Umgang mit YouTube Lernprozesse bei der Zielgruppe unterstützen und fördern?

Hier sei noch einmal hervorgehoben, dass Onlineangebote, die sich speziell an benachteiligte Jugendliche und ihre Bedarfe richten, kaum vorhanden sind (vgl. BMFSFJ 2013: 305) und YouTube für Bildungszwecke pädagogisch allgemein noch wenig wahrgenommen wird (vgl. Lauffer & Renate 2015: 12) – erst recht nicht im Hinblick auf die hier zur Diskussion stehende Zielgruppe benachteiligter Frauen und Mädchen.

Die Arbeit gliedert sich in sieben Teile:
Der Einleitung folgt in Kapitel 2 das Thema Webvideo und videobasiertes Lehren und Lernen. Anschließend wird dargestellt, dass Jugendliche YouTube als wichtigste Videoplattform im Internet (vgl. Döring 2014: 293) ganz selbstverständlich in unterschiedlichen Zusammenhängen verwenden. Danach werden im dritten Kapitel lehr- und lerntheoretische Modelle auf das Konzept des Lernens mit YouTube angewendet und deren Auswahl begründet. Anschließend befasst sich Kapitel 4 mit der Situation benachteiligter Jugendlicher im Übergang von der Schule in den Beruf und begründet den Bedarf eines Hilfsangebots und hier speziell auch der Gesundheitsförderung. In Kapitel 5 wird die Methode EFT und deren Einsatzbereich vorgestellt. Abschließend wird in Kapitel 6 das mediendidaktische Konzept der Lernumgebung entworfen, denn der Erfolg eines webbasierten E-Learning-Angebots ist abhängig von einer schlüssigen Gestaltung (vgl. de Witt, Kerres & Stratmann 2002: 3). In Kapitel 7 werden Schlussfolgerungen im Hinblick auf Zielsetzung und Fragestellung der Arbeit gezogen sowie Hinweise auf offengebliebene Fragen und weiteren Forschungsbedarf gegeben.

Zum besseren Verständnis eine kurze Erklärung der in der vorliegenden Arbeit verwendeten Begriffe: Die Bezeichnungen Video, Bewegtbild, Webvideo und Erklärvideo sind synonym zu verstehen. Gleiches gilt für soziale Netzwerke, Social-Media oder Web 2.0-Onlinedienste. Als Eigenname werden YouTube, Facebook, EFT, SINA ohne Anführungszeichen gesetzt. Lange sowie Sonderzeichen enthaltende Internetadressen (auch URL) wurden zum Teil über den Kurz-URL Dienst www.bitly.com umgewandelt. Zur besseren Lesbarkeit wird auf geschlechtsspezifische Formulierungen überwiegend verzichtet.

2 Potentiale von Webvideos – Lernen mit YouTube

In diesem Kapitel wird die aktuelle Bedeutung und hohe Verbreitung von Webvideos aufgezeigt (Kap. 2.1) und das Medium Video als Lernmittel charakterisiert (Kap. 2.2). Anschließend wird erläutert, welche Bedeutung die Videoplattform YouTube, die eine Mischung aus nutzergenerierten sowie professionellen Videos im Internet bereithält, für Jugendliche als Bildungsressource (Kap. 2.3) und Social Community (Kap. 2.4) einnimmt.

2.1 Bedeutung von Webvideos

Unter einem Webvideo versteht man ein Video in digitaler Form, das in Abgrenzung zu den beispielsweise auf DVD verbreiteten Videos auf einer Webseite zu betrachten ist. Bei einem Webvideo (auch als Videoclip, Internetvideo oder Online-Video benannt), kann es sich sowohl um eine kurze Videosequenz handeln, als auch um eine längere Filmproduktion. Webvideos werden mittlerweile als Internet-Fernsehen bezeichnet. Vor allem bei Jugendlichen und jungen Erwachsenen hat durch Webvideos das Interesse am Fernsehprogramm stark nachgelassen (vgl. Döring 2014: 293).

Nicht nur private Webseiten beinhalten immer öfter Videos, auch traditionelle Medien erweitern ihren Onlineauftritt mit Videos, um im Internet präsent zu sein (vgl. Stephan u.a. 2010: 139-140). Insgesamt nehmen die Verbreitung von Webvideos und Videoplattformen sowie die verstärkte Nutzung von bewegten Bildern im Internet zu. Wie Gerstmann und Gräßer feststellen, verändern YouTube und Online-Videoplattformen nicht nur die Sehgewohnheiten von Menschen (vgl. Gerstmann & Gräßer 2015: 13), sondern nehmen auch Einfluss auf den Bereich der Bildung. Dazu zählt die hohe Verbreitung von YouTube-Kanälen (ein Kanal ist ein Bereich auf YouTube, auf dem Internet-Nutzer ihre Webvideos hochladen können) mit Erklärvideos zu verschiedenen Themen. Die populäre „Khan Academy" verfügt beispielsweise über einen umfangreichen YouTube-Kanal mit über 3000 Lernvideos (vgl. Khan Academy 2016).

Im E-Learning kommen mittlerweile auch Lernszenarien vor, die ausschließlich Video zur Vermittlung von Inhalten verwenden (vgl. Stephan u.a. 2010: 144).

Im Bereich Webvideo dominieren die sozialen Videoplattformen, wie zum Beispiel YouTube. Der Begriff sozial bezeichnet soziale Medien (auch soziale Netzwerke, Social-Media oder Web 2.0-Onlinedienste). YouTube gehört zu der Kategorie soziale Medien. Das Verbindende an sozialen Medien ist, dass Internet-Nutzer selbst erstellte Inhalte (auch User-Generated Content) online austauschen und miteinander kommunizieren können (vgl. Döring 2014: 286). Rund 70 % der 14- bis 29-Jährigen verwenden inzwischen häufiger Videoplattformen wie YouTube als das linear verbreitete Fernsehen (vgl. Gerstmann & Gräßer 2015: 8). Zwar verwenden nicht nur Jugendliche YouTube, aber wie Abb. 1 zeigt, ist die Vielnutzung deutlich vom Alter abhängig (vgl. Goldmedia Custom Research 2015: 1). Besonders bei der jungen Zielgruppe ist YouTube zum Alltagsmedium avanciert.

Abb. 1: YouTube wird Alltagsmedium
Quelle: Goldmedia Custom Research GmbH 2015: http://bit.ly/1RzKOnI (Stand: 25.12.2015)

Der Schweizer Rundfunk stellt zum 10-Jährigen Bestehen von YouTube fest: „YouTube ist allgegenwärtig" (SRF 2015). YouTube entwickelt sich stetig weiter und es entstehen häufig neue Trends und Formate, denn die Webvideo-Szene ist „hyperaktiv" (Gerstmann & Gräßer 2015: 13). Mehr als 100 Stunden Videomaterial wird auf YouTube im Minutentakt hochgeladen (vgl. YouTube 2015).

Die hohe Verbreitung von Webvideos ist den angebotenen Web 2.0-Schnittstellen und - Funktionen geschuldet, wonach sich Videos mit wenig Aufwand in weitere Webseiten integrieren oder weiterleiten lassen (vgl. Stephan u.a. 2010: 140). Schließlich sind auch moderne digitale Aufnahmegeräte und mobile Endgeräte einfach zu handhaben, um Videos zu produzieren und online zu veröffentlichen (vgl. Lauffer & Renate 2015: 11). Ob Videos auch zum Lernen geeignet sind und welche Vor- und Nachteile das Lernen mit Video hat, wird im folgenden Kapitel beleuchtet.

2.2 Video als Lernmedium

„Video is the new text" – dieses Zitat von Josh Bersin 2013, Präsident von Bersin & Associates, einem Unternehmen für Beratung zu E-Learning und Wissensmanagement, bringt die Bedeutung des Formats Video auf den Punkt: Das Medium Video wird im E-Learning-Bereich zum zentralen Lehrwerkzeug (vgl. Hanfstein 2015). Immer häufiger ersetzen Videos Texte. Aber was macht ein Video aus und wofür eignet es sich in der Lehre? Zunächst wird ein Video als analoge oder digitale Aufnahme der Realität definiert (vgl. Niegemann, Domagk & Hessel 2007: 267). Nach den Ausführungen von Niegemann, Domagk und Hessel eignen sich für Lehr- und Lernprozesse drei unterschiedliche Formen, in denen sich Videos einsetzen lassen:

1. Zur Darstellung und Vermittlung von Inhalten, die überwiegend vom Lehrer gestaltet sind. Dieses Verfahren ist geeignet, wenn man in ein Themengebiet einführt oder zur Demonstration einer Methode, vgl. hierzu auch Loviscach (2011), Pfeiffer (2015) und Hoffmann (2013).

2. Videos zur Aufzeichnung und Reflektion von Verhaltenssequenzen, zum Beispiel im Bereich Lehrerbildung wie bei Vohle und Reinmann (2012).

3. Videos, die durch Lernende selbst erstellt werden, zum Beispiel in medienpädagogischen Projekten mit Jugendlichen, wie bei Schön (2013), Rummler und Wolf (2012) und Lübcke und Welling (2015).

In den oben genannten Untersuchungen wurde aufgezeigt, dass sich Videos als Lernmedien vielfältig nutzen lassen. Für das Konzept der vorliegenden Arbeit wird das darbietende Lehrverfahren wie bei Loviscach (2011) als geeignet erachtet (vgl. hierzu Kap. 3.1 und Kap. 6.4.1), wobei nicht die Selbstherstellung von Videos, sondern die Nutzung von Videos als Lehrmittel im Vordergrund steht.

Bei einem Video ist die realistische Darstellung von Bedeutung, denn ein Video nutzt die Alltagswahrnehmung, und Bewegtbilder sind die wichtigste Form der Wahrnehmung. Audiovisuelle Darstellungen und Erklärungen von Lernobjekten können Lernzusammenhänge veranschaulichen und vereinfachen (vgl. Hoffmann 2013: 21). Folgt man den Überlegungen von Stephan u.a. (2010) steigert der Einsatz von Videos die Behaltensleistung signifikant und komplexe Sachverhalte oder praktische Prozesse lassen sich leicht vermitteln. Eine Videodarstellung unterstützt den Betrachter dabei, ein mentales Modell zu konstruieren. Somit entfällt die Aufgabe, statische Bilder oder Texte zu dekodieren. Weiterhin kann ein Video viele Informationen in kurzer Zeit bündeln, denn ein Filmset übermittelt bereits Informationen (vgl. Hanfstein 2015). Aus den Beispielen wird deutlich, dass Lernvideos den Vorteil bieten, Wissen einfach und schnell aufzunehmen. Ein weiterer Vorteil von Video besteht darin, Abläufe mehrfach zu beobachten, wenn das Video gestoppt, vor- und zurückgespult wird (vgl. Stephan u.a. 2010: 141).

Auch wenn das Lernen mit Video von einer linearen Ausstrahlung wie Fernsehen abgekoppelt ist, gilt es zu bedenken, dass das Bewegtbild als Unterhaltungsmedium begriffen wird. Ohne konkrete Instruktion über Zweck und Ziel des angebotenen Videos führen audiovisuelle Medien zu einer „Zerstreuungsgefahr". Kritisch anzumerken ist auch, dass die Lernverarbeitung mit Video überschätzt werden kann und die Gefahr besteht, dass nur oberflächlich gelernt wird (vgl. Niegemann, Domagk & Hessel 2007: 265).

Die vorherigen Ausführungen zeigen dennoch die verstärkte Entwicklung zu audiovisuellen Kommunikations- und Lernprozessen auf – dabei dominieren zunehmend audiovisuelle Informationen. Auch die Suche nach Erklärungen im

Videoformat wird weiter zunehmen (vgl. Schön 2013: 4); für Lernprozesse mit Video ergeben sich auf Grund dessen neue Anknüpfungspunkte (vgl. Lauffer & Renate 2015: 13). Vor diesem Hintergrund wird im nachfolgenden Kapitel auf YouTube als Bildungsressource eingegangen.

2.3 YouTube als Bildungsressource

Für jugendliche Internet-Nutzer ist die bevorzugte Suchmaschine nicht mehr Google, sondern YouTube. Das bedeutet, als Antwort auf eine Suchanfrage im Internet wird nicht Text, sondern Video erwartet (vgl. Hoffmann 2013: 19). Aus der Studie Jugend, Information, [Multi-] Media (JIM) von 2014 zum Medienumgang 12- bis 19-Jähriger geht hervor, dass YouTube das beliebteste Internetangebot ist (vgl. Feierabend, Plankenhorn & Rathgeb 2014). Abb. 2 der JIM-Studie 2014 zeigt, dass 10 % regelmäßig Videos sehen, in denen Anleitungen gezeigt werden.

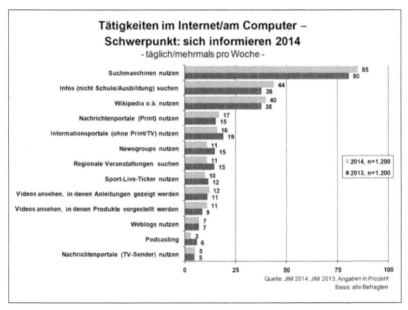

Abb. 2: Tätigkeiten im Internet/am Computer – Schwerpunkt: sich informieren 2014
Quelle: Feierabend, Plankenhorn & Rathgeb 2014: 29

Sind Erklärvideos auf YouTube eine Bildungsressource für Jugendliche und was fasziniert Jugendliche daran? In diesem Kapitel wird untersucht, welche Potentiale Erklärvideos haben, denn sie sind mittlerweile ein wichtiger Bestandteil von YouTube (vgl. Back & Tödtli 2012: 65). Es gibt kaum einen Bereich, zu dem es nicht schon ein Erklärvideo gibt. Sehr häufig finden sich nutzergenerierte Erklärvideos und dies oftmals in Form von „Peer Education", ein pädagogischer Ansatz, der die Wissensweitergabe von Jugendlichen an Jugendliche bezeichnet.

Auf YouTube befindet sich eine thematische Vielfalt von Haare flechten, Mobiltelefone hacken, Pflanzen- und Kokosnusskrabben-Pflege bis hin zu wissenschaftlichen und politischen Themen. Professionell produziert, hätten die eigenwilligen Themen den Weg in die Öffentlichkeit wahrscheinlich nicht geschafft (vgl. Wolf 2015: 31). Im Folgenden wird „BibisBeautyPalace" vorgestellt, ein populärer deutscher YouTube-Kanal, der in erster Linie Themen wie Kosmetik und Lifestyle für eine junge Zielgruppe produziert (vgl. Abb. 3).

Abb. 3: BibisBeautyPalace
Quelle: BibisBeautyPalace: [Ausschnitt] http://bit.ly/21OXwBL (Stand: 01.12.2015)

Bianca Heinicke, die den YouTube-Kanal betreibt, hatte 2012 ein Video-Tutorial über eine Flechtfrisur hochgeladen, da sie dazu selber nichts im Internet gefunden hatte. Sie produzierte weiterhin Videos auf YouTube und gab Instruktionen, beispielsweise zur Verwendung von Make-Up und Modetipps. Ihr YouTube-Kanal hat mittlerweile über zwei Millionen Abonnenten (vgl. Rösch & Seitz 2015)! Jedoch ist Bianca Heinicke nicht die einzige YouTuberin, die Modetipps gibt. Aus didaktischer Perspektive hat es Vorteile, wenn verschiedene Verfasser einen Sachverhalt auf unterschiedliche Weise gestalten und ihre Inhalte von professionell bis unkompliziert kommunizieren. Wolf spricht hierbei auch von „Folkdidaktik = Laiendidaktiker gestalten originell und sind oftmals innovativ". (Wolf 2015: 32). Der informelle und oftmals lockere

Kommunikationsstil wirkt wenig bedrohlich und kann ein positives Lernklima erzeugen.

Ein Überblick über typische Formate auf YouTube, die sich in den letzten Jahren entwickelt haben und bei Jugendlichen beliebt sind, findet sich auf http://medienpad.de/p/youtube-genrekunde (vgl. Seitz & Rösch 2013). Neben Mode, Sport und Musik sind auch Themen aus Schule und Lebenspraxis gefragt (vgl. Wolf 2015: 34). Darüber hinaus finden sich auf YouTube viele Videos mit gesundheitsbezogenen Inhalten, die häufig aufgerufen werden (vgl. Döring 2014: 294).

Jugendliche nutzen Erklärvideos als kostenlose Nachhilfe oder im Bereich Freizeit und Hobby und eignen sich dabei Fertigkeiten auf informellem Weg an (vgl. Wolf 2015: 30). Aus der Untersuchung von Rummler und Wolf (2012) zur Nutzung von Webvideos geht hervor, dass fast alle der befragten Jugendlichen Lerninteressen bei der Videonutzung zeigten und mehr als die Hälfte bereits gezielt ein Erklärvideo gesucht hat, um Handlungsabläufe daraus nachzumachen. Außerdem hat das Lernen mit Video Vorteile für diejenigen, die Probleme mit Textverständnis und -produktion haben (vgl. Lauffer & Renate 2015: 14).

Hieraus ergibt sich, dass Erklärvideos auf YouTube einer jugendlichen Zielgruppe als Vermittlungsmethode vertraut sind. Der niederschwellige Zugang macht YouTube geeignet, der Zielgruppe ein relativ fernliegendes Thema wie EFT anzubieten. Dass YouTube nicht nur ein potenzieller Lernort, sondern für jugendliche Internet-Nutzer auch eine beliebte Internet-Gemeinschaft (auch Social Community) darstellt, wird im folgenden Kapitel ausgeführt.

2.4 YouTube als Social Community

Seit ihren Anfängen ist YouTube mit Funktionalitäten ausgestattet, anhand derer Internet-Nutzer mit einem Google-Konto Videos bewerten und kommentieren können. Populäre Videos verbreiten sich durch Web 2.0-Onlinedienste, Weiterleitungen und Empfehlungen schnell. Dieser Netzwerkcharakter hat zum großen Erfolg von YouTube beigetragen (vgl. Rösch & Seitz 2015: 2). YouTube ist sogar vor dem sozialen Netzwerk Facebook das beliebteste Internetangebot bei jugendlichen Internet-Nutzern. Dies geht aus der Basisstudie zum Medienumgang 12- bis 19-Jähriger in Deutschland (JIM-Studie 2014) hervor. Auf die Frage „Gibt es ein oder mehrere Angebote im Internet, die du zur Zeit besonders gut findest?" erhielt YouTube mit 30 % die meisten

Stimmen. Facebook lag bei 23 %. Grundsätzlich entfällt der größte Anteil der persönlichen Onlinenutzung nach Einschätzung der Jugendlichen auf den Bereich Kommunikation (vgl. Feierabend, Plankenhorn & Rathgeb 2014: 25).

Obwohl sich das Internet durch Web 2.0-Onlinedienste immer stärker zum „Mit-Mach-Web" entwickelt hat, beteiligen sich Jugendliche relativ wenig, d. h. nur ein geringer Teil ist mit eigenen Videos aktiv oder präsentiert sich auf einem Weblog. Hinzu kommt, dass zwar viele Jugendliche ein YouTube-Konto haben, dieses aber nicht häufig verwenden (vgl. Gerstmann & Gräßer 2015: 8). Abb. 4 zeigt, dass Jugendliche dennoch zunehmend von Funktionen zum Kommentieren und Bewerten Gebrauch machen – vor allem auf Videoportalen (vgl. Feierabend, Plankenhorn & Rathgeb 2014: 29-30).

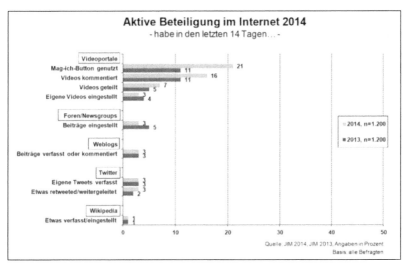

Abb. 4: Aktive Beteiligung im Internet 2014
Quelle: Feierabend, Plankenhorn & Rathgeb 2014: 29

Es steht außer Zweifel, dass Videoplattformen und vor allem YouTube bei Jugendlichen beliebt sind. Als Ursache für die besonders aktive Beteiligung auf YouTube kommt in Betracht, dass beliebte Videoproduzenten, wie z. B. die YouTuberin Bianca Heinicke (vgl. hierzu Kap. 2.3), mit ihren Zuschauern interagieren. Das Verhältnis zwischen Zuschauer und YouTuber ist relativ nah, da auf Kommentare, Bewertungen und Videowünsche reagiert wird und „die Stars zum Anfassen sind." (Döring 2014: 294). Charakteristisch dafür ist, dass auf YouTube über den Rückkanal der Kommentare eine Interaktion stattfindet, über die die YouTuber mit ihren Zuschauern oftmals einen

11

intensiven Austausch pflegen (vgl. Wolf 2015: 35). Somit kann YouTube als Social Community Personen zueinander in Beziehung setzen und zwar von unten nach oben (vgl. Baumgartner 2006: 20). Seitz stellt fest:

> „YouTube hat eine spezifische Kultur, eigene Codes, eigene Stars, eigene Seh- und Nutzungsgewohnheiten und vor allem eine Community. (Fast) Alles, was erfolgreich auf YouTube ist, bezieht die Community ein, hört auf sie, entwickelt sich mit der Community weiter." (Seitz 2015: 38).

Besonders Funktionalitäten wie Bewertungen und Kommentare lassen sich methodisch als Werkzeuge für den Austausch über Lernthemen mit einer jugendlichen Zielgruppe wirkungsvoll nutzen. Wenn Lernende ein Erklärvideo betrachten, es kommentieren oder weiterempfehlen, werden Lernende zu Lehrenden: Wolf fasst dies als „Ko-Konstruktion des kollektiven Wissensraums" zusammen (Wolf 2015: 35). Somit wird das Lernen auch kollaborativ (vgl. hierzu Kap. 6.4.2). Ein inhaltlicher Austausch würde nicht nur zu einem persönlichen Lernfortschritt führen, auch die Qualität der Erklärvideos kann sich durch Feedback verbessern. Weiterhin zeigen Vohle und Reinmann auf, dass sich beim Lernen mit Video Online-Plattformen für soziale Interaktionen gut eignen (vgl. Vohle & Reinmann 2012). Zusammenfassend lässt sich sagen, dass sich die genannten Funktionen und Ausprägungen von YouTube für das Konzept gewinnbringend einsetzen lassen.

3 Lehr- und Lerntheoretische Hintergründe

Die heutigen Informations- und Kommunikationstechnologien bieten in einer medial geprägten Kultur zahlreiche Möglichkeiten der Mediennutzung. Dabei ermöglichen Medien (lat.: medium/medius, dt.: Mitte/Mittelpunkt bzw. dazwischenliegend) Kommunikation und vermitteln zwischen Mensch und Umwelt (vgl. de Witt & Czerwionka 2013: 14). Über die Multifunktionalität internetfähiger Endgeräte ist es möglich, eine Zeitung zu lesen, Computerspiele zu spielen, im Internet zu surfen, Videos zu betrachten und selber aufzuzeichnen, um nur einige der Möglichkeiten zu nennen. Hinzu kommt, dass die genannten Medien durch den technologischen Fortschritt auch flexibel, d. h. ohne stationären Rechner nutzbar sind, was auch als „Mobiles Internet" (Döring 2014: 45) bezeichnet wird. Kerres spricht hierbei auch vom „ubiquitären Zugang" (Kerres 2002: 2), d. h. das Internet ist ein alltägliches Medium zur Kommunikation geworden. Digitale Medien spielen nicht nur in privaten Lebensbereichen zur Unterhaltung eine Rolle, sie sind auch als Arbeits- und Lernmittel ein fester Bestandteil in Schule, Ausbildung und Beruf geworden (vgl. Feierabend, Plankenhorn & Rathgeb 2014: 3). Die verschiedenen Formen digitalen Lernens bieten vielfältige Möglichkeiten zeitgemäß zu lehren und zu lernen und können den Lernalltag breiter und flexibler gestalten.

Dieses Kapitel beleuchtet lerntheoretische Ansätze, die menschliche Lernprozesse unterschiedlich erklären und einen theoretischen Begründungsrahmen für die mediendidaktische Konzeptionierung der Lernumgebung darstellen. Dazu wird das Lernen am Modell (Kap. 3.1) vorgestellt, welches als Lernmodell dem Kognitivismus zugeordnet ist. Kapitel 3.2 befasst sich mit dem Konstruktivismus und Aspekten konstruktivistischen Lernens. Das Lernkonzept des Konnektivismus wird in Kapitel 3.3 beschrieben. Eine zusammenfassende Bewertung zur Theorieauswahl beschließt Kapitel 3. Die genannten Ansätze werden zusammenfassend dargestellt, insoweit dies für die Fragestellung erforderlich ist, um den Rahmen dieser Arbeit nicht zu sprengen.

3.1 Lernen am Modell

Innerhalb der Medienpädagogik wurde die Wirkung von Medien auf Menschen ausführlich untersucht (vgl. de Witt & Czerwionka 2013: 22). Albert Bandura, Begründer der sozial-kognitiven Lerntheorie und Psychologe, wies 1961 in einem bekannten Laborexperiment zu Sozialverhalten einen Zusammenhang zwischen

Beobachtung anderer Individuen und den Lernprozessen der Beobachtenden nach (vgl. ebd. 2013: 22). In dem Experiment „Bobo Doll" wurden unterschiedlichen Gruppen von Kindern in einem Film sich aggressiv verhaltende Modelle, d. h. Erwachsene, die eine Puppe schlagen, Modelle, die sich nicht aggressiv verhielten bzw. kein Modell präsentiert (vgl. Stangl 2016b). In einer sich anschließenden Spielsituation zeigten auffallend viele jener Kinder aggressives Verhalten, die das aggressive Modell zuvor beobachtet hatten. In dem Ergebnis zeigte sich deutlich, dass Menschen lernen, wenn sie andere beobachten (vgl. Niegemann, Domagk & Hessel 2007: 267).

Das Modelllernen bezeichnet das Lernen durch Beobachtung und Imitation von Vorbildern bzw. Modellen (vgl. Euler 2001: 18). Neben Personen können auch Filme oder Texte Modellfunktion übernehmen. Videos haben das Potential, durch ihre realistische Darstellung „Veränderungen im Denken und Verhalten der Zuschauer zu bewirken und können so zur Vermittlung von prozeduralem Wissen eingesetzt werden." (Niegemann, Domagk & Hessel 2007: 267). Vohle und Reinmann machen darauf aufmerksam, dass das Lernen am Modell als eine frühe Form des Videoeinsatzes betrachtet werden kann, die auch heute noch angewendet wird (vgl. Vohle & Reinmann 2012: 415). Zur Sichtbarkeit von Vorbildern stellt Döring fest, dass bei Erklärvideos, die gesundheitsbezogene Handlungen zeigen, die Person eine Vorbildfunktion hat und von hoher Bedeutung ist (vgl. Döring 2014: 297).

Wie Abb. 5 zeigt, unterscheidet Bandura vier zentrale Schritte als Voraussetzungen, die erfüllt sein müssen, damit es zum Lernen durch Beobachtung kommt:

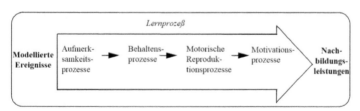

Abb. 5: Lernprozessschritte im Rahmen der sozial-kognitiven Lerntheorie
Quelle: Euler 2001: 19

Am Anfang stehen Aufmerksamkeitsprozesse, das heißt, was bemerkt wird, kann auch gelernt werden. Angewendet auf das in Kapitel 6 dargestellte Konzept wird Aufmerksamkeit durch das bei der Zielgruppe lebensweltnahe und beliebte Medium Video auf YouTube erzeugt. Des Weiteren werden Behaltensprozesse durch mehrfaches

Abspielen und Betrachten von Videos forciert (vgl. hierzu Kap. 2.2). Findet im YouTube-Kommentarforum ein Austausch über die Videoinhalte statt, kann dies das Abspeichern im Gedächtnis begünstigen (vgl. hierzu Kap. 6.4.2). Schließlich folgt als nächster Schritt eine motorische Ausführung. Bezogen auf das Konzept der vorliegenden Arbeit folgt an dieser Stelle ein Bewegungsablauf bzw. die Anwendung der Methode EFT (vgl. hierzu Kap. 5.2). Motivationsprozesse als vierter Schritt entstehen, wenn EFT stressentlastend wirkt.

Zusammenfassend lässt sich sagen, dass Lernende Fertigkeiten durch Beobachten erwerben. Das Modelllernen kann daher einen theoretischen Begründungsrahmen für das Lernen mit Video bieten.

3.2 Konstruktivismus – Lernen als Konstruktion

Die Kernthese des Konstruktivismus lautet, es existiert nichts „objektiv", sondern die äußere Wirklichkeit wird durch subjektive Konstruktion und Interpretation erzeugt (vgl. de Witt & Czerwionka 2013: 53). Der Mensch ist ein selbstreferentielles und geschlossenes System, dem die Realität unabhängig von seinem Bewusstsein unzugänglich ist (vgl. Siebert 2003: 5). Konstruktivistische Ansätze betrachten Lernen als einen individuellen und selbstgesteuerten Wahrnehmungs- und Verarbeitungsprozess, der sich im Kontext eigener Erfahrungen, eigener Handlungen und mit engem Bezug zur eigenen Lebenswelt vollzieht (vgl. Baumgartner 2003: 4). Vor allem Medien spielen in jugendlichen Lebenswelten im Bereich des informellen Lernens eine wichtige Rolle (vgl. Stecher 2005: 377). Unter informellen Lernen versteht man das Lernen außerhalb von Bildungseinrichtungen oder organisierten Lernsettings (vgl. de Witt & Czerwionka 2013: 21). Kennzeichnend für informelles Lernen, das dem selbstgesteuerten Lernen ähnlich ist, ist u. a. die Eigentätigkeit des Lernenden, die in einem konstruktivistischen Lernsetting eine wesentliche Rolle spielt. Weitere Merkmale einer konstruktivistischen Lernpsychologie stellt die nachstehende Abb. 6 dar.

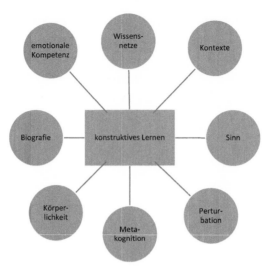

Abb. 6: Faktoren konstruktiven, konstruktivistisch aufgeklärten Lernens
Quelle: eigene Darstellung in Anlehnung an Siebert 2003: 17

Aus konstruktivistischer Sicht lernen Menschen autopoietisch (ein autopoietisches System zeichnet sich u. a. durch Selbstorganisation aus) und „strukturdeterminiert" (Siebert 2003: 17). Nach konstruktivistischer Auffassung werden Menschen in ihrer Wissensaneignung von der Umwelt nicht determiniert. Das bedeutet, die Wissensübertragung findet aus Sicht des Konstruktivismus nicht im Sinne einer Nürnberger-Trichter-Didaktik statt. Es wird davon ausgegangen, dass Lernende lediglich „perturbiert" (Siebert 2003: 17) werden können. Der Begriff der Perturbation wird hier als Störung oder Anregung verstanden, um Lernen auszulösen.

Auch das Vorwissen der Lernenden nimmt beim Lernen im Konstruktivismus eine bedeutende Rolle ein, denn das Gehirn reagiert nur auf das, was es kennt und neues Wissen wird sich daher stets an die vorhandenen Konstruktionen anschließen (vgl. Stangl 2016a). Nach Kerres und de Witt sollten Lernangebote daher im besten Fall Probleme enthalten, die Erfahrungen ermöglichen (vgl. Kerres & de Witt 2004: 12). Siebert weist darauf hin, dass „[...] nachhaltiges Lernen eine Mixtur von Denken, Fühlen, Erinnern und körperlichen Empfindungen ist". (Siebert 2003: 17).

In einer mediendidaktischen Gestaltung sollten Medien demzufolge nicht nur als Transportmedium, sondern als Werkzeuge eingesetzt werden, die die Konstruktion von Wissen fördern und soziale Interaktion ermöglichen (vgl. de Witt & Czerwionka 2013:

28). Dabei will der Konstruktivismus dem Lehrenden nicht vorschreiben, keine Instruktionen mehr zu geben (vgl. Stangl 2016a). Lehrende nehmen vielmehr die Rolle eines Moderators oder die des Lernbegleiters ein (vgl. hierzu Kap. 6.4.3). Die Lehrenden sind letztlich verantwortlich für die Gestaltung der Lernumgebung und die didaktische Aufbereitung der Inhalte (vgl. Siebert 2003: 20). Das Ziel ist, Lernende zu befähigen, mit einer Situation umzugehen, für die sie anhand des Lernangebots individuelle Lösungen entwickeln. In einem konstruktivistischen E-Learning sollten die Lehr- und Lernangebote nach den folgenden Prinzipien gestaltet sein: Die Lernumgebung

- sollte selbstorganisiertes und selbstgesteuertes Lernen ermöglichen,

- ein flexibles Angebot an Methoden und Werkzeugen enthalten,

- kooperatives Lernen und Kommunikation aller Beteiligten fördern,

- Perturbation durch authentische und komplexe Probleme schaffen

(vgl. Stangl 2016a).

Angewendet auf das Konzept der vorliegenden Arbeit lassen sich diese Prinzipien methodisch-didaktisch wie folgt einordnen: YouTube ist nicht nur eine interaktive, sondern im Hinblick auf die Zielgruppe auch eine authentische Lernumgebung. Studien haben gezeigt, dass Jugendliche intrinsisch motiviert Erklärvideos auf YouTube verwenden (vgl. hierzu Kap. 2). Außerdem lässt sich YouTube als webbasierte Videoplattform mit weiteren Lernressourcen aus dem Internet anreichern, zum Beispiel durch Verweise im YouTube-Kanal, die mit weiterführenden Informationen über EFT verlinkt sind.

Da die Inhalte des Konzepts öffentlich sind und für ein unbegrenztes Publikum mit entsprechendem Zugangsgerät und Internetverbindung erreichbar, ergibt sich eine orts- und zeitunabhängige Nutzung. Darüber hinaus entsteht soziale Interaktion über ein moderiertes Kommentarforum (vgl. hierzu Kapitel 6.4.3).

In der Zusammenschau lassen sich konstruktivistische Merkmale des Lernens in Anlehnung an die genannten Charakteristika in der geplanten Lernumgebung verorten. Im nachfolgenden Kapitel wird auf das Lernkonzept des Konnektivismus eingegangen, der im Hinblick auf vernetztes Lernen wichtige Impulse für das Lernen im digitalen Zeitalter liefert.

3.3 Konnektivismus – Lernen in Netzwerken

Das Lernkonzept des Konnektivismus entwickelte George Siemens 2004 im Kontext von Web 2.0-Onlinediensten, wonach sich Wissen in Netzwerken weiterentwickelt und das individuelle Wissen Teil eines Netzwerks ist. Wissen befindet sich somit nicht mehr ausschließlich in den Köpfen von Menschen, sondern in vernetzten Datenbanken, durch die vernetztes Wissen entstehen kann (vgl. Bernhardt & Kirchner 2007: 36). Durch den Einsatz sozialer Netzwerke und Web 2.0-Onlinedienste kann somit jeder Internet-Nutzer am Lernprozess eines jeden anderen beteiligt sein und sich über Lernthemen austauschen

(vgl. ebd. 2007: 22).

Um diese Wissensressourcen nutzen zu können, wird das Wissen über „Wo" und „Wer" wichtiger als „Wie" und „Warum" (vgl. de Witt & Czerwionka 2013: 28). Zwar ist der Konnektivismus als eigene Lerntheorie umstritten, er geht aber als neue Lernperspektive über die in diesem Kapitel bisher vorgestellten Lerntheorien hinaus, denn er berücksichtigt die Tendenz, mehr und mehr in virtuellen Räumen vernetzt zu lernen (vgl. Bernhardt & Kirchner 2007).

Ziel konnektivistischer Lernaktivitäten ist, möglichst aktuelles Wissen zur Verfügung zu haben (vgl. ebd. 2007: 37). Dabei nehmen digitale Medien zur Wissensvernetzung einen wichtigen Platz ein. Vor diesem Hintergrund gilt als Voraussetzung für Lernen, dass Lernende das Bedürfnis haben, im Internet zu kommunizieren, sich zu beteiligen und Netzwerke wie Online-Communities zu nutzen. Diese Voraussetzung ist insbesondere für Jugendliche erfüllt, denn wie Abb. 7 zeigt verwendet diese Altersgruppe ausgeprägt Online-Communities.

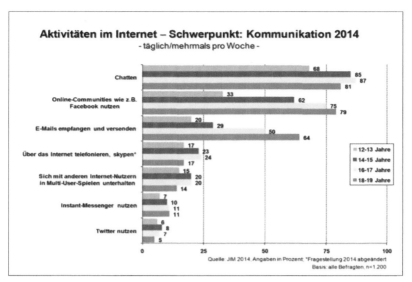

Abb. 7: Aktivitäten im Internet – Schwerpunkt Kommunikation
Quelle: Feierabend, Plankenhorn & Rathgeb 2014: 27

Wie bereits Kapitel 2.4 aufzeigt, ist YouTube für Jugendliche eine bedeutende Community (vgl. Rösch & Seitz 2015: 1). Des Weiteren ist im Konnektivismus das Lernen in Netzwerken zentral. Als Folge dessen weist eine Lernumgebung auf YouTube konnektivistische Merkmale auf. Dies zeigt sich u. a. daran, dass Lernende Erfahrungen und Wissen einbringen, sich mit anderen Internet-Nutzern verbinden und sich in eine Online-Gemeinschaft, wie YouTube integrieren. Weiterhin können Lernende durch aktive Beteiligung Informationen teilen und damit zum Gruppenwissen aller bzw. einem Wissensnetzwerk beitragen.

Aus diesen Beispielen wird deutlich, dass der konnektivistische Ansatz darin besteht, dass die in dieser Arbeit betrachtete Zielgruppe sich auf YouTube über die Kommentarfunktion einbringt und zu einer Wissensvernetzung über die genannten YouTube-Funktionalitäten beitragen kann. In Kapitel 6 wird daran anknüpfend näher eingegangen. Auch wenn der Konnektivismus letztlich als Lerntheorie nicht allgemein anerkannt ist, kann „der konnektivistische Ansatz ein Verständnis dafür schaffen, was soziales, offenes, verteiltes und lernerdefiniertes Lernen sein kann." (de Witt & Czerwionka 2013: 29).

3.4   Zusammenfassende Bewertung

Vor dem Hintergrund der hier dargestellten lerntheoretischen Ansätze wird deutlich, dass nicht nur eine einzige Theorie in Frage kommt, die als die beste Lerntheorie für das Konzept der vorliegenden Arbeit bezeichnet werden kann. Für die Konzeption des Lernangebots lassen sich die genannten Modelle gemeinsam anwenden und sinnvoll miteinander verbinden, ohne dass sie sich dabei widersprechen. Hanfstein (2015) empfiehlt die unterschiedlichen lerntheoretischen Modelle in Bezug auf Videolernen nicht gegeneinander abzugrenzen, sondern kombiniert einzusetzen. Allgemein für E-Learning haben kognitiv-konstruktivistische Prinzipien im Lehr- und Lernbereich an Bedeutung zugenommen (vgl. Rautenstrauch 2009: 11). Speziell bei Videolernen kann gesagt werden, dass es weder ein allgemeingültiges Lehr- und Lernmodell noch die eine didaktische Methode gibt. Back und Tödtli weisen darauf hin, dass es für die Gestaltung von selbsterstelltem Videomaterial gar ein Defizit an wissenschaftlich fundierten Lösungen gibt (vgl. Back & Tödtli 2012: 66). Schließlich ist Kerres und de Witt zuzustimmen, dass die Suche nach dem „one best way" (Kerres & de Witt 2004: 5) für die Gestaltung von Lernangeboten wenig zielführend ist. Es kommt vielmehr auf die Mischung unterschiedlicher Lösungsansätze an, um Lernprozesse wahrscheinlich zu machen.

4 Aspekte des Übergangsgeschehens benachteiligter Jugendlicher

Für junge Menschen stellt der Übergang von der Schule mittleren Niveaus in eine Ausbildung oder Erwerbstätigkeit eine Herausforderung dar, die ein hohes Maß an Eigenverantwortung und Selbstständigkeit abverlangt. Dabei wird von den Jugendlichen (der Begriff Jugendlicher meint hier Menschen im Übergang von der Schule in den Beruf, die noch nicht 25 Jahre alt sind) erwartet, dass sie eine berufsbiografische Perspektive entwickeln (vgl. DV 2014: 3). Häufig wird der Übergang von der allgemeinbildenden Schule in die Arbeitswelt zu einer schwierigen Hürde (vgl. Oser & Düggeli 2008).

Eine Berufsrolle zu finden und eine Ausbildung aufzunehmen, kann durch fehlende Unterstützung, mangelnde Berufsorientierung, soziale Benachteiligungen oder individuelle Belastungen fehlschlagen. Umso mehr gestalten sich für Haupt- und Förderschulabsolventen die Übergänge in eine Ausbildung als problematisch (vgl. Großkurth u.a. 2015: 6). Um die Schwelle des Übergangs zu bewältigen, sind größtenteils Hilfestellungen durch das Elternhaus, die Schule oder Unterstützung durch Sozialleistungsträger notwendig. Schwierige Übergänge von der Schule in den Beruf können den beruflichen Sozialisationsprozess von Beginn an negativ belasten und sind als Risikosituation zu betrachten (vgl. Oser & Düggeli 2008: 46-47).

Wie einleitend beschrieben sind die negativen Entwicklungspfade und Belastungen benachteiligter Jugendlicher Begründungsfaktoren hinsichtlich der Konzeptionierung einer niederschwelligen Maßnahme zur Stressbewältigung für die Zielgruppe. Aufgrund der thematischen Ausrichtung dieser Arbeit kann nicht die gesamte Komplexität der sozialen Wirklichkeit benachteiligter Jugendlicher dargestellt werden. In Kapitel 4.1 werden Ausgrenzungs- und Reproduktionsmechanismen, Einschränkungen und belastende Lebenslagen benachteiligter Jugendlicher herausgearbeitet. Kapitel 4.2 beleuchtet Aspekte der institutionellen Handlungslogik des Übergangssystems und darin liegende Problemfelder. In Kapitel 4.3 wird aufgezeigt, dass ein praktisches Hilfsangebot zur persönlichen Stabilisierung als pädagogische Intervention im Feld der Jugendberufshilfe von Relevanz ist.

4.1 Belastungsfaktoren sozial benachteiligter Jugendlicher

In Deutschland sind gesellschaftliche und soziale Teilhabe in hohem Maße vom Herkunftsmilieu geprägt. Dabei sind für benachteiligte Jugendliche drei Risikobereiche besonders ausschlaggebend:

- das soziale Risiko, wenn Eltern nicht in das Erwerbsleben integriert sind

- das finanzielle Risiko, wenn das Einkommen der Eltern gering ist

- das Risiko, Kind bildungsferner Eltern zu sein

(vgl. BMFSFJ 2013: 140).

Neben dem familiären Umfeld kann der Zugang zu Bildungsangeboten durch weitere Kontextfaktoren beeinflusst sein. Dazu zählen beispielsweise die Mediennutzung, die Peergruppe, das Wohnumfeld, die Schulwahl, die Freizeitgestaltung, die Persönlichkeitsentwicklung etc. (vgl. BMFSFJ 2013: 140). Angesichts ihrer Bildungs- und Berufschancen haben benachteiligte Jugendliche mit geringer formaler Bildung oftmals nur begrenzte Vorstellungen und brauchen Unterstützung, um eine berufliche Zukunftsperspektive zu entwickeln (vgl. Gold & Lehmann 2012: 39).

Maier & Vogel weisen explizit darauf hin, dass die Schwierigkeiten des Übergangs Ausdruck einer veränderten Arbeitswelt sind. Dabei liegen die Gründe für einen erschwerten Übergang nicht allein in persönlichen Defiziten oder einer mangelnden Ausbildungsreife. Auch die gesteigerten Anforderungen seitens der Ausbildungsbetriebe und fehlende Ausbildungsplätze führen dazu, dass Jugendliche Schwierigkeiten haben, einen Ausbildungsplatz zu finden (vgl. Maier & Vogel 2013: 287).

Obwohl der Schulerfolg stark von Einkommen und Vorbildung der Eltern abhängt, wie die Pisa-Studie aufgezeigt hat, ist die „Responsabilisierung des Bildungsversagers. " (Lehmkuhl, Schmidt & Schöler 2013: 116) für marginalisierte Jugendliche, die nach mehreren Übergangsjahren weiterhin nach einer Normalbiografie und einem Berufsabschluss streben, eine weitere Abwertung ihres Selbstbilds. Wie auch die Ergebnisse in Abb. 8 aufzeigen, ist Arbeitslosigkeit für Jugendliche psychisch belastend; erwerbslose Jugendliche bewerten im Vergleich zu nichtarbeitslosen Jugendlichen ihr Wohlbefinden niedriger ein (vgl. Oser & Düggeli 2008: 13).

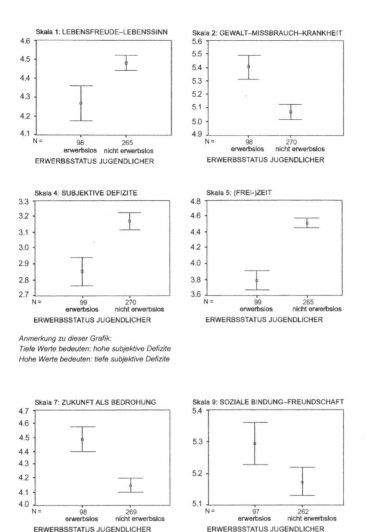

Abb. 8: Unterschiedliche psychische Belastungen zwischen arbeitslosen und nichtarbeitslosen Jugendlichen

Quelle: (Oser & Düggeli 2008: 13-14)

Nachteilige individuelle Voraussetzungen, die im Jugendlichen selbst liegen, können „spezifische Einstellungen zu gesundheitsbezogenen Verhaltensweisen oder ein Mangel an Kontrollüberzeugungen" (Weyers 2012: 133) sein.

Trotz multipler Problemlagen und mangelnder Bewältigungsstrategien wird psychotherapeutische Unterstützung spät in Anspruch genommen (vgl. Großkurth u.a. 2015: 39). Aus dem 14. Kinder- und Jugendbericht geht hervor, dass benachteiligte Jugendliche zu einer Risikogruppe gehören, die gesundheitlich über dem Durchschnitt belastet ist (vgl. BMFSFJ 2013: 142). Dazu gehören vermehrt psychische Probleme. Überdies sind benachteiligte Jugendliche im Bereich der Gesundheitsförderung eine wenig berücksichtigte Zielgruppe, die von gesundheitsfördernden Maßnahmen selten erreicht werden (vgl. Gerstmann 2015: 43).

Bedenkt man alle Konsequenzen, enthält der Alltag benachteiligter Jugendlicher viele negative Ereignisse. Die vorangegangenen Ausführungen verdeutlichen die Koppelung von negativen Erlebnissen und mangelnder Förderung emotionaler und gesundheitlicher Kompetenzen. Darauf aufbauend wird in Kapitel 4.2 problematisiert, inwiefern Übergangsangebote die dargestellten Benachteiligungen einbeziehen (können) und zu einem nachhaltigen Integrationserfolg führen oder nur Teilaspekte der Bedarfe junger Menschen am Übergang berücksichtigen (vgl. DV 2014: 4).

4.2 Probleme im Übergangssystem

In der beruflichen Bildung gilt das Übergangssystem als ein besonders relevanter Bereich, der dennoch als verhältnismäßig wenig erforscht bezeichnet werden kann (vgl. Euler & Brahm 2013). Die Effizienz des Übergangssystems ist in den letzten Jahren in der Fachwelt scharf kritisiert worden. Maier und Vogel bemerken kritisch, ob Übergangsmaßnahmen von der Schule in den Beruf überhaupt den Charakter eines Systems haben (vgl. Maier & Vogel 2013: 15). Beispielsweise erfolgt die Vermittlung der Arbeitsagentur in die Maßnahme eines Bildungsträgers oftmals unter Druck, wobei die Interessen der Jugendlichen häufig unberücksichtigt bleiben und bei ihnen Gefühle der Fremdbestimmtheit hervorrufen (vgl. Großkurth u.a. 2015: 54). Da die Passung von Interessen und Maßnahme oder Ausbildung als nachrangig erscheint, kann dies zu folgenden negativen Entwicklungen bei Jugendlichen führen:

- Abkühlung von Bildungsaspirationen

- demotivierende Maßnahmekarrieren

- Abbrüche

Abbrüche sind für junge Menschen besonders belastend und werden als persönliches Scheitern wahrgenommen, das sich weiterhin negativ auf Übergangswege und die Bewältigung von Schwierigkeiten auswirken kann (Großkurth u. a. 2015).

Hinzu kommt, dass die Lernbedingungen im Übergangssystem aufgrund der sozialen Konstellation mehrfach belasteter, lernschwacher Jugendlicher erschwert sind. Wie die Schulentwicklungsforschung zeigt, dass Abschlüsse und Noten relativ wenig über kognitive Leistungen und Potentiale aussagen, sind auch pauschale Aussagen über „die Jugendlichen" im Übergangssystem problematisch, zumal sie sich in ihren Kompetenzen stark unterscheiden (vgl. Maier & Vogel 2013: 16). Großkurth stellt zudem inhaltliche Inkonsistenz in der Angebotsgestaltung von Maßnahmen fest, wobei auf individuellen Unterstützungsbedarf weniger eingegangen wird und von vornherein eher von Defiziten als von vorhandenen Kompetenzen ausgegangen wird (vgl. Großkurth u. a. 2015). Eine zusätzliche Benachteiligung und Belastung im Übergang besteht darin, dass für Jugendliche mit Hauptschulabschluss die Berufswahl vielmehr begrenzt ist. Absolventen mit Hauptschulabschluss (HSA) stehen aus derzeit 344 Ausbildungsberufen real 50 offen und für junge Frauen mit HSA nur noch 25 Ausbildungsberufe (vgl. ebd. 2015: 62). Dennoch vermitteln Berufsorientierungsmaßnahmen und -instrumente ein meritokratisches Bild von Leistungsgerechtigkeit (vgl. ebd. 2015: 60). Maier und Vogel stellen fest:

> „Der „heimliche Lehrplan" dieses Systems führt den Jugendlichen permanent ihre vermeintlichen und/ oder tatsächlichen Defizite vor Augen und vermittelt ihnen statt Selbstbewusstsein eher Minderwertigkeitsgefühle." (Maier & Vogel 2013: 272).

Das Feld der Jugendberufshilfe kann hier nur am Rande behandelt werden. Primäres Anliegen dieses Kapitel ist es, einen Ausschnitt an Problemen hinsichtlich der Effektivität von Übergangsangeboten und implizite Belastungserfahrungen für Jugendliche abzuleiten. Es wird nicht ausgeschlossen, dass berufliche Übergangsangebote auch wertvolle Orientierungen ermöglichen und hilfreich bei der Suche nach Anschlusslösungen sein können. Dennoch wird deutlich, dass benachteiligte Jugendliche im Übergangsprozess von multiplen Belastungserfahrungen betroffen sind, die von den am Übergang beteiligten Institutionen mitunter nicht wahrgenommen werden (vgl. Großkurth u. a. 2015: 85). Damit Übergänge gelingen, sind nicht allein berufsrelevante Fähigkeiten notwendig, sondern insbesondere psychische Stabilität, wie im folgenden Kapitel dargestellt wird.

4.3 Unterstützungsangebote

Oser und Düggeli (2008) zeigen in einer Studie, dass Jugendliche, deren internale Ressourcen gestärkt werden, schwierige Übergänge besser bewältigen können. Dabei betonen sie, dass trotz kritischer Lebensphasen das Selbstvertrauen und das Durchhaltevermögen erhalten bleiben können (vgl. ebd. 2008: 44). Auch nach den Ausführungen von Euler und Brahm wird das Handlungsfeld der Persönlichkeitsentwicklung im Übergang von der Schule in Ausbildung und Beruf als relevant erachtet (vgl. Euler & Brahm 2013: 1).

Im 14. Kinder- und Jugendbericht wird darauf hingewiesen, dass insbesondere Jugendliche Beratungsangebote im Internet zunehmend wahrnehmen (vgl. BMFSFJ 2013: 305). Um entsprechende Zielgruppen zu erreichen, ist es sinnvoll z. B. ein gesundheitsförderndes Maßnahmeangebot wie beim „Settingansatz" (Geene & Rosenbrock 2012) in der Lebenswelt der Betroffenen zu platzieren, denn belastete Gruppen werden oft nicht adäquat erreicht. Dies zeigt sich beispielsweise daran, dass Menschen aus benachteiligenden Verhältnissen krankenkassengeförderte Kursangebote wenig nutzen (vgl. Geene & Rosenbrock 2012: 49). Aus langjähriger beruflicher Erfahrung als Fachanleiterin in einer Jugendwerkstatt hat die Autorin im Umgang mit der Zielgruppe festgestellt, dass Psychotherapien, für die die gesetzlichen Krankenkassen die Kosten übernehmen, aus den folgenden Gründen selten wahrgenommen werden:

- Das Therapienangebot ist zu hochschwellig.

- Beim Jugendlichen besteht kein Problembewusstsein.

- Es stellt eine strukturelle Herausforderung dar, Termine einzuhalten.

- Es besteht Angst vor Stigmatisierung und Abwehr gegenüber Psychotherapie.

Auch Eschenröder stellt fest, dass ein nicht unwesentlicher Teil von Hilfesuchenden von den psychotherapeutischen Verfahren aus dem Leistungskatalog der Krankenkassen nicht profitiert – 10-50 % der Patienten brechen eine Psychotherapie sogar vorzeitig ab (vgl. Eschenröder 2014: 148). Der Mangel an Ressourcen und Bewältigungsstrategien kann sich daher für benachteiligte Jugendliche ungünstig auswirken. Wie das Konzept der vorliegenden Arbeit aufzeigt, ist das Lernszenario auf YouTube mit der Methode EFT ein geeignetes und praktisches Hilfsangebot, um Stress abzubauen. Diese relativ junge Methode aus der energetischen Psychologie wird im folgenden Kapitel dargestellt.

5 Emotionales Selbstmanagement mit Klopfakupressur

Klopfakupressur ist eine Technik der energetischen Psychologie bzw. Psychotherapie, bei der die Stimulierung von bestimmten Akupunkturpunkten auf der Körperoberfläche in einer bestimmten Reihenfolge durch Beklopfen mit den Fingern sowie Augenbewegungen oder akustische Stimuli mit dem Fokus auf ein belastendes Thema eine zentrale Rolle spielen (EFT-DACH e. V. 2016; Reiland 2006; Aalberse & Geßner-van Kersbergen 2012; Bohne 2010; Eschenröder 2014; Andrade 2012). Aus dem Bereich der Klopfakupressur ist EFT eine der effektivsten Selbstbehandlungsmethoden für Stressprobleme. EFT ist leicht zu erlernen und durchzuführen und für Laien zur Selbstbehandlung geeignet (vgl. Reiland 2006: 15).

In diesem Kapitel soll anhand von Beispielen aufgezeigt werden, wie EFT wirkt und dass die Methode leicht zu erlernen ist. Kapitel 5.1 beleuchtet einen Ausschnitt an aktuellen Wirkhypothesen der energetischen Psychologie. Kapitel 5.2 gibt einen Überblick zum historischen Hintergrund von EFT und stellt klinische Studienergebnisse und EFT-Anwendungsfelder dar. Kapitel 5.3 gibt abschließend einen Überblick über die frei verfügbaren Online-Ressourcen zu EFT.

5.1 Wirksamkeit energetischer Psychologie

Seit etwa zwölf Jahren ist in Deutschland ein steigendes Interesse an Ansätzen der energetischen Psychologie festzustellen. Die historischen Wurzeln der energetischen Psychologie liegen in der traditionellen chinesischen Medizin (im folgenden TCM abgekürzt), welche sich u. a. auf das Energiesystem der Meridiane und die entsprechenden Akupunkturpunkte stützt (vgl. Reiland 2006: 14). Beispielsweise wenden Menschen instinktiv Methoden zur Selbstberuhigung an, wenn sie sich unwillkürlich bei einer Schrecksituation ins Gesicht fassen oder beim Betreten eines dunklen Kellers beginnen zu singen (vgl. Eschenröder 2014: 151). Die zum Gehirn hinlaufende Erregung wird durch sensorische Stimulierungen wie Berührung, Summen oder Singen nachweislich abgebaut und führt zur Selbstberuhigung (vgl. ebd. 2014: 151). Nach Andrade (2012) sind bei der Klopfakupressur die Klopfpunkte mit besonders vielen Mechanorezeptoren ausgestattet, die neuronal mit dem limbischen System verbunden sind. Ein übererregtes limbisches System ist oftmals die Ursache für belastende emotionale Reaktionen. Durch die taktile Stimulierung bestimmter Akupressurpunkte und der Fokussierung auf das stressbeladene Problem wird die emotionale Reaktion, wie beispielsweise Wut oder Angst, deutlich abgeschwächt.

Energetische Psychotherapie gilt mittlerweile als ein seriöses psychotherapeutisches Verfahren (vgl. Eschenröder 2014: 149). Anknüpfend daran wird im nachfolgenden Kapitel die Methode EFT, die zur Förderung von Stresskompetenz bei der Zielgruppe geplant ist, vorgestellt.

5.2 EFT – Emotional Freedom Techniques

EFT ist eine Anfang der 90er Jahre von Gary H. Craig entwickelte, insbesondere auch zur Eigenanwendung geeignete Form der ursprünglichen „Thought Field Therapy – TFT" (Gedankenfeld-Therapie) nach Dr. Roger Callahan (vgl. Reiland 2006: 43). Seit 2012 ist EFT von der Amerikanischen Psychologische Gesellschaft (APA) als evidenzbasierte Therapieform anerkannt (vgl. Eschenröder 2014: 154). Die grundlegende Theorie für EFT ist, „dass die Ursache aller negativen Emotionen in einer Störung des Energie- bzw. Meridiansystems liegt." (Reiland 2006: 14).

Hinsichtlich des Sich-selbst-beklopfen wirkt EFT auf den ersten Blick „kulturfremd" (Bohne 2010: 13). Wie aus Studien der vergangenen Jahre hervorgeht, erzielt EFT aber überraschende Ergebnisse (vgl. Andrade 2012: 59). In einer Vergleichsstudie zu EFT und kognitiver Verhaltenstherapie, die 5000 Patienten mit Angststörungen umfasste und sich über fünfeinhalb Jahre erstreckte, wurde aufgezeigt, dass EFT effektiver wirkt und damit dem gesprächs- oder verhaltensorientierten Konzepten überlegen ist (vgl. Andrade 2012: 55).

Tab. 1 fasst wichtige Ergebnisse der Studie zusammen.

Tab. 1: Energietherapie effektiver als Verhaltenstherapie bei geringerer Behandlungsdauer
Quelle: eigene Darstellung in Anlehnung an Andrade 2012: 59

Vergleich: 5000 Patienten mit Angststörungen bei Therapieende		
	Leichte Besserung	Vollständige Symptomfreiheit
Verhaltenstherapie/ Medikamente	63 %	51 %
Energiepsychologische Behandlung	90 %	76 %

Nach dem Verband für Klopfakupressur e. V. zeigt EFT Erfolge bei einem breiten Spektrum von Symptomen, so z. B. in Bezug auf:

- Stress, Burn Out, Schmerzen

- Ängste, Phobien, Panikattacken

- Leistungsblockaden in Schule, Beruf und Sport

Emotionale Konflikte, wie

- Ärger, Schuldgefühle, Schamgefühle

- Traurigkeit, Verzweiflung, Enttäuschung

(vgl. EFT-DACH e. V. 2016).

Das folgende Schaubild (vgl. Abb. 9) stellt eine Anleitung der EFT-Grundform dar.

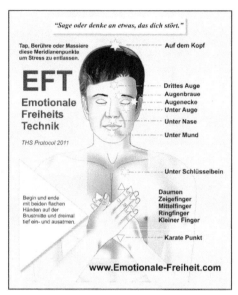

Abb. 9: EFT mit Herz und Seele Protokoll
Quelle: Hartmann 2011

Mit EFT lassen sich auch Gruppen erreichen, die zum Beispiel nicht an Psychotherapie interessiert sind, bei denen Psychotherapie nicht angezeigt ist oder die ihre Probleme nicht verbalisieren können. Dass EFT leicht erlernbar ist, war vom Entwickler der Methode beabsichtigt – wie auch EFT als „Public Domain" (frei von Urheberrechten nach dem angelsächsischen Copyright) anzubieten.

5.3 Online-Ressourcen zu EFT

Damit EFT möglichst viele Menschen erreicht, publizierten Craig u. a. überwiegend kostenfrei Onlineinformationen, wie Manuale, Videoanleitungen, Webinare etc. (Craig 2016). Auch im deutschsprachigen Raum findet sich ein umfangreiches Informationsangebot zu EFT (EFT-DACH e. V. 2016). Auf YouTube befinden sich Kanäle von Laien und Experten, die EFT vermitteln und unterschiedliche Probleme behandeln. Vor diesem Hintergrund sei beispielhaft der Amerikaner Brad Yates genannt, der als EFT-Trainer einen YouTube-Kanal mit über 50.000 Abonnenten auf YouTube betreibt (vgl. Abb. 10).

Abb. 10: Tap with Brad

Quelle: Brad Yates: [Ausschnitt] http://bit.ly/1Vv5JwD (Stand: 01.12.2015)

Dass sich praktische Prozesse zum Nachmachen über Video gut vermitteln lassen, wurde in Kapitel 2.2 und Kapitel 3.1 dargestellt. Aus der Verbreitung von EFT-Videos (vor allem englischsprachiger) lässt sich die Schlussfolgerung ziehen, dass die Ursache dafür die einfache filmische Darstellung von EFT ist – der Entwickler behauptet gar, sie sei: „The Most Imitated Healing Method In History" (Craig 2016). Aus diesen Beispielen wird deutlich, dass durch die Möglichkeit, weitere Online-Ressourcen (Informationen und/oder Experten) einzubinden, das Lernen offener und vielfältiger wird. Die frei verfügbaren Online-Ressourcen lassen sich schließlich für das Konzept der vorliegenden Arbeit nutzbringend verwenden.

6 Mediendidaktische Begründung der Lernumgebung

Zunächst wird der Begriff der Mediendidaktik und seine Bedeutung sowie die theoretische Herangehensweise, die für die Planung einer mediatisierten Lernumgebung von Relevanz ist, erläutert. Anschließend wird in diesem Kapitel der konkrete Praxisbezug des Konzepts der vorliegenden Arbeit hergestellt. Unter Didaktik, einer Teildisziplin der Erziehungswissenschaft, versteht man die Theorie und Praxis von Unterricht bzw. des Lehrens und Lernens. Die wesentlichen Fragen der Didaktik lauten:

- Welche Methoden (z. B. Vortrag, Gruppenarbeit, medial gestützte Lerneinheiten) sind einzusetzen, um Wissen zu vermitteln?

- Wie kann man am besten mit Lernenden kommunizieren?

- Welche Bedingungen haben Einfluss auf den Lehr- und Lernprozess?

(vgl. de Witt & Czerwionka 2013: 17).

„Das Ziel der Mediendidaktik ist die Optimierung dieser Prozesse mithilfe von Medien." (ebd. 2013: 31). Lehren an sich erfordert eine Vorbereitung und zu einem gewissen Grad ist Lehren auch planbar. Speziell bei technologiebasierter Lehre ist im Gegensatz zur Präsenzlehre mehr Planung notwendig, denn je nach E-Learning-Szenario sind ad hoc-Änderungen in einer digitalen Unterrichtssituation nicht unbedingt flexibel durchführbar.

Der Entwurf einer medialen Lernumgebung wird auch als didaktisches Design bezeichnet (vgl. Reinmann 2013). Nach Vohle und Reinmann besteht Unterricht darin, eine Lernumgebung so zu gestalten, dass sie unter speziellen Bedingungen die Lerninhalte optimal vermittelt (vgl. Vohle & Reinmann 2012: 414). Für das Konzept der vorliegenden Arbeit stellen die vorangegangenen Kapitel bereits didaktische Begründungsfaktoren für die Auswahl dar. Dazu zählen

1. die ausgewählten Medien (Webvideos),

2. Wirkung und Einsatz (Erklärvideos auf YouTube),

3. Entscheidungen über Ziele und Inhalte (Entwicklung von Stresskompetenz mit der Methode EFT),

4. sowie kognitive und motivationale Rahmenbedingungen der Zielgruppe (benachteiligte Jugendliche im Übergang Schule und Beruf).

Reinmann (2013) zufolge umfassen diese didaktischen Begründungsfaktoren zum einen die materiale (Rahmenbedingungen) und zum anderen die prozessuale Seite (Aufbau) eines didaktischen Szenarios. In diesem Kapitel, in dem die Gestaltung von Erklärvideos und der Einsatz von YouTube vorgestellt werden, steht neben den Rahmenbedingungen und dem Aufbau auch die soziale Seite (vgl. Reinmann 2013) im Fokus, d. h. wie YouTube als Lernumgebung für Lernende eingesetzt werden kann. Abb. 11 zeigt die materiale, die prozessuale und die soziale Seite als drei zentrale Komponenten für ein didaktisches Design.

Abb. 11: Grundfigur für das didaktische Design
Quelle: Reinmann 2013

In der Weiterbildung, und ebenso auch in der Berufsausbildung und -vorbereitung, erfüllt der Einsatz von Medien miteinander verwobene Funktionen:

- auf institutioneller Ebene, wie beispielsweise als didaktische Unterstützung des Unterrichts,

- auf der Ebene der Teilnehmenden, wie beispielsweise als Angebot für selbstorganisiertes Lernen im Rahmen von E-Learning,

- auf der Ebene des Bildungsangebots, wie beispielsweise durch medienproduzierende Angebote (z. B. Video, Podcast, Blogs etc.)

(vgl. de Witt & Czerwionka 2013: 11).

Das nachfolgende Kapitel handelt davon, welche Vorteile der Einsatz digitaler Medien und mediengestütztes Lernen hat.

6.1 Online-Lernen – Vorteile digitaler Medien

Wie die voran genannten Ausführungen deutlich machen, haben Erklärvideos und der Einsatz von YouTube für Lernprozesse einen Mehrwert. Man sollte an dieser Stelle hinzufügen, dass der Einsatz von Erklärvideos nicht als Ausgleich von Schwächen verstanden wird, sondern als gleichwertige Kommunikationsform neben Lesen und Schreiben (vgl. Lauffer & Renate 2015: 14). Die Potentiale digitaler Medien zum Online-Lernen werden in Tab. 2 auf das Konzept der vorliegenden Arbeit angewendet:

Tab. 2: Tabellarische Übersicht der Potentiale digitaler Medien und ihre Anwendung
Quelle: eigene Darstellung in Anlehnung an de Witt & Czerwionka 2013: 10

Potentiale digitaler Medien	Konzeption
– Möglichkeiten flexibel zu lernen, hybride Lernarrangements, d. h. Präsenz- und E-Learning-Lehr- und Lerneinheiten sind möglich	– Potentiale von Webvideos – Lernen mit YouTube (Kap. 2) – Kollaboratives Lernen mit YouTube (Kap. 6.4.2) – Online-tutorielle Lernbegleitung (Kap. 6.4.3)
– Präsentation, Recherche von Informationen, schnelle Bereitstellung von Inhalten	– Potentiale von Webvideos – Lernen mit YouTube (Kap. 2) – Online-Ressourcen zu EFT (Kap. 5.3)
– Kommunikative Lernszenarien, Betreuung und Unterstützung	– YouTube als Social Community (Kap. 2.4) – Kollaboratives Lernen mit YouTube (Kap. 6.4.2) – Online-tutorielle Lernbegleitung (Kap. 6.4.3)
– Flexibles lebensnahes Lernen, Trennung von Lernort- und zeit	– Potentiale von Webvideos – Lernen mit YouTube (Kap. 2)
– Zielgruppenorientierte Ausrichtung des Lernmaterials	– Potentiale von Webvideos – Lernen mit YouTube (Kap. 2) – Aspekte des Übergangs- geschehens benachteiligter Jugendlicher (Kap. 4) – Emotionales Selbstmanagement mit Klopfakupressur (Kap. 5) – Konzeption der Lernumgebung

	(Kap. 6.4)
– Online-Moderation und tutorielle Lernbegleitung	– YouTube als Social Community (Kap. 2.4) – Kollaboratives Lernen mit YouTube (Kap. 6.4.2) – Online-tutorielle Lernbegleitung (Kap. 6.4.3)

Trotz der Fülle an Online-Lernangeboten und den sich daraus ableitenden Lernpotentialen, existieren im Internet wenige Angebote für formal gering qualifizierte Jugendliche. Die Einschätzung der Autorin wird im 14. Kinder- und Jugendbericht (BMFSFJ 2013) bestätigt. Auch Zwiefka stellt in ihrer Arbeit eine wachsende Bildungskluft und soziale Ungleichheit im Internet fest, wonach bildungsferne Personen Lernangebote im Internet seltener als formal höher Qualifizierte nutzen (vgl. Zwiefka 2007). In der flexibilisierten und informatisierten Arbeitswelt wird es jedoch immer wichtiger, neue Technologien für Lernprozesse nutzbar zu machen (vgl. Bünnagel 2012).

Zu den Anforderungen der Arbeitswelt bezüglich digitaler Kompetenzen steht zudem im Kontrast, dass noch 2014 Online-Lernprogramme und -Anwendungen, die den Austausch untereinander fördern, an Schulen relativ wenig eingesetzt werden, wie Abb. 12 zeigt.

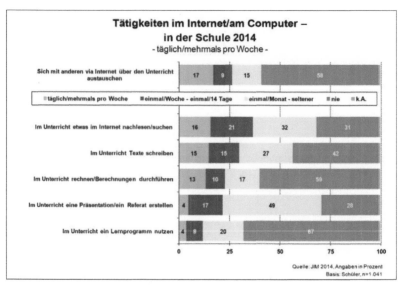

Abb. 12: Tätigkeiten im Internet/am Computer in der Schule 2014
Quelle: Feierabend, Plankenhorn & Rathgeb 2014: 32

Folglich soll der zunehmenden Bedeutung von E-Learning und dem vernetzten, selbstgesteuerten Lernen in der beruflichen Aus- und Weiterbildung Rechnung getragen werden, indem eine niederschwellige und virtuelle Lernumgebung für die Jugendwerkstatt SINA konzeptioniert wird. Im Folgenden werden die Adressaten des Konzepts der vorliegenden Arbeit vorgestellt, die Einrichtung SINA und die Teilnehmerinnen der Jugendwerkstatt.

6.2 Die Einrichtung SINA

(ausgelassen)

6.3 Teilnehmerinnen und Zielgruppe

(ausgelassen)

6.4 Konzeption der Lernumgebung

Nach Pfeiffer wird nicht zwangsläufig die Qualität des Lernens verbessert, wenn Videos zur Verfügung stehen (vgl. Pfeiffer 2015: 3). In diesem Kapitel werden daher die methodisch-didaktischen Aspekte, die für eine Lernumgebung auf YouTube als wesentlich erachtet werden, dargestellt. Dazu zählt:

- welches Gestaltungsformat von Erklärvideos sich zur Vermittlung von EFT eignet (Kap. 6.4.1),
- wie sich die YouTube-Funktionalitäten für kollaboratives Lernen einsetzen lassen (Kap. 6.4.2),
- wie die online-tutorielle Lernbegleitung des YouTube-Kanals aufgebaut ist (Kap. 6.4.3).

6.4.1 Entwicklung von Erklärvideos

Kennzeichnendes Merkmal für ein Erklärvideo ist, wenn erläutert wird, wie man etwas macht (vgl. Wolf 2015: 31). Zur Gestaltung von Erklärvideos existiert eine Bandbreite an unterschiedlichen Techniken, die in Abb. 13 dargestellt sind.

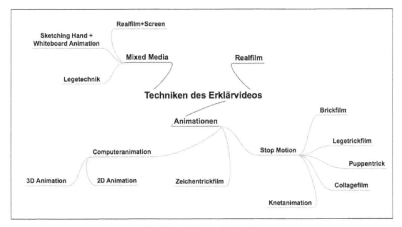

Abb. 13: Techniken des Erklärvideos
Quelle: Philippi 2016: [Ausschnitt] http://bit.ly/1ZIumok (Stand: 05.03.2016)

Zur Vermittlung von EFT eignet sich als visuelle Anleitung die Technik des Realfilms bzw. des klassischen Videos mit Schauspielszenen. Diese Auswahl begründet sich folgendermaßen:

- Döring zeigt auf, dass der Grad der Personalisierung von Informationen und die Glaubwürdigkeit größer ist, wenn das Filmmodell (auch der YouTuber, vgl.

hierzu Kap. 2.3) bei gesundheitsbezogenen Handlungen (z. B. Pickelbehandlung, Sport) gesehen und gehört wird (vgl. Döring 2014: 297).

- Beliebte YouTuber werden häufig als Rollenmodell wahrgenommen (vgl. hierzu Kap. 2.3). Dazu gehört auch, dass die Fans bei YouTube-Stars Themen nachfragen, auch Themen mit Gesundheitsbezug (vgl. ebd. 2014: 296). Es wird davon ausgegangen, dass sich die voran genannte Dynamik für das Konzept der vorliegenden Arbeit nutzbringend einsetzen lässt.

- Im Vergleich zu Animationen können Videos kostengünstiger und mit weniger Aufwand produziert werden (vgl. Niegemann, Domagk & Hessel 2007: 265).

Allerdings sind bei der Produktion von realfilmischen Erklärvideos viele Faktoren zu berücksichtigen. YouTube ist zwar für nutzergenerierte Videos offen, aber es ist ein Trend zu professionell erstellten Videos auf YouTube zu verzeichnen (vgl. Döring 2014: 295). Verwackelte Aufnahmen mit schlechtem Ton, Sprecher und Dramaturgie stoßen Zuschauer eher ab (vgl. Simpleshow 2015: 6). Das Konzept der vorliegenden Arbeit sieht daher vor, die Herstellung und Entwicklung der Videos von externen Experten vornehmen zu lassen. Folgende gestalterische und didaktische Parameter hinsichtlich der Videoproduktion werden als zentral erachtet:

- Der Produktionsort ist ein Schulungsraum der Einrichtung SINA, um die vermittelten Inhalte mit dem Angebot der Jugendwerkstatt gleichzusetzen und bei der Zielgruppe Interesse und Vertrauen in das Lernangebot durch Wiedererkennung zu erzielen.

- Entwicklung von jeweils drei inhaltlich geschlossenen Erklärvideos mit einer Produktionslänge von fünf bis max. acht Minuten zu den folgenden Bereichen:
  – eine EFT-Expertin gibt einen zielgruppengerechten Theorieinput und vermittelt Grundlagenwissen über EFT
  – zwei weitere Videolerneinheiten, die eine Spielszene zur EFT-Anwendung für spezifische Themen, wie Stress und Prüfungsangst oder Schlafstörungen zeigen.

- Die inhaltliche und visuelle Gestaltung soll die Zielgruppe ansprechen und gleichermaßen das Thema ernsthaft vermitteln.

Wie sich durch die Einbindung der Erklärvideos auf YouTube netzgestütztes, kollaboratives Lernen gestalten lässt, wird im nächsten Kapitel dargestellt.

6.4.2 Kollaboratives Lernen mit YouTube

Zusammen arbeitendes (kollaboratives) Lernen entsteht, wenn in Gruppen einander ergänzendes Wissen ausgetauscht wird, um sich neues Wissen anzueignen (vgl. hierzu Kap. 3.3). Web 2.0-Onlinedienste erlauben Internet-Nutzern eine niedrigschwellige Möglichkeit, miteinander zu kommunizieren und zu kollaborieren, denn Content (auch Video, Texte, Bilder etc.) kann online veröffentlicht und ausgetauscht werden (vgl. Döring 2014: 286). Auf YouTube nutzen Jugendliche die entsprechenden Funktionalitäten intensiv, um zu kommunizieren, Videos zu bewerten, Erfahrungen auszutauschen und Videos in weiteren sozialen Onlinenetzwerke zu teilen (vgl. hierzu Kap. 2.4). Da Jugendliche bei der Auseinandersetzung mit YouTube intrinsisch motiviert sind, wird erwartet, dass sich YouTube als sozialer (Lern-) Raum frei von „formalen Zwängen" (Gerstmann 2015: 42) zum kollaborativen Lernen einsetzen lässt.

Als Beispiel für reges Kommentieren wird der YouTube-Kanal von „DorFuchs" (Beurich 2013) vorgestellt, der mit seinen Lernvideos und Mathematik-Formeln als Rap-Texten zum YouTube-Star wurde. Abb. 14 zeigt auf, dass zu einem seiner Lernvideos über 2000 Nutzerkommentare verfasst worden sind.

Abb. 14: Binomische Formeln (Mathe-Song)
Quelle: Beurich 2013: [Ausschnitt] http://bit.ly/1zyylqc (Stand: 15.03.2016)

Andererseits ist fraglich, inwieweit kollaboratives Lernen bei der Zielgruppe entstehen kann, d. h. ob ausreichend „motivationale, kognitive und meta-kognitive Voraussetzungen" (Kopp & Mandl 2006: 11) vorhanden sind, um den gewünschten Austausch über die Kommentarfunktion zu erreichen. Auch Bremer beschreibt, dass eher die Personen aktiv sind, denen der schriftliche Ausdruck leicht fällt (vgl. Bremer

2007: 5). Dennoch kann die Hypothese aufgestellt werden, dass sich durch die Verknüpfung des lebensweltnahen Mediums YouTube mit dem für die Zielgruppe fernliegendem Thema EFT kollaboratives Lernen auf YouTube erzielen lässt. Somit ist wahrscheinlich, dass sich bei der Zielgruppe Ansätze kollaborativen Lernens einstellen und zum Erfolg des Konzepts beitragen. Auch Gerstmann stellt fest:

> „Denn natürlich findet beim Austausch über Webvideo mehr statt; Heranwachsende kommunizieren hier in ihrer Peergroup über Regeln, Grenzen und Normen." (Gerstmann 2015: 44).

Für das Konzept ist vorgesehen, Nutzerkommentare erst nach einer Prüfung durch eine sachkundige Mitarbeiterin zu veröffentlichen (im nachfolgenden Kapitel wird dies näher erläutert). Für den schulischen Gebrauch ist eine Prüfung empfehlenswert (vgl. Küng 2015: 13), da destruktive Kommentare problematisch sind (vgl. Wolf 2015: 35) und konstruktive Kommunikation sowie kollaboratives Lernen beeinträchtigen können. Daran anschließend stellt das folgende Kapitel dar, dass eine online-tutorielle Lernbegleitung (auch Tele-Tutoring oder E-Moderation, worunter im Allgemeinen die Betreuung von Lernenden in einer virtuellen Lernumgebung gemeint ist) den Austausch im Kommentarforum unterstützen kann.

6.4.3 Online-tutorielle Lernbegleitung

Um Austausch im Kommentarbereich von YouTube anzuregen und dadurch das Lernen mit den Erklärvideos zu fördern, ist im Konzept vorgesehen, für die Kommentarbetreuung Online-Tutoring-Methoden anzuwenden. Je nach E-Learning Szenario eignen sich unterschiedliche Modelle und Techniken, um Lernprozesse zu begleiten. Da die Aufgaben im Online-Tutoring vielfältig sind, werden nur die Aspekte vorgestellt, die hinsichtlich der geplanten Medien, der Zielgruppe und der Zielsetzung von Relevanz sind. Ein Orientierungsrahmen für die unterschiedlichen Aufgaben des Online-Tutors sind die:

„(1) organisatorisch-administrative Rolle,

(2) motivational-emotionale Rolle,

(3) inhaltliche Rolle und

(4) didaktisch-vermittelnde Rolle."

(Bett & Gaiser 2010: 4-5).

Da die Inhalte und die didaktische Vermittlung bereits in dem Medium des Erklärvideos begründet sind und spezielle administrativ-organisatorische Aufgaben in dem E-Learning des Konzepts der vorliegenden Arbeit nicht vorgesehen sind, wird der motivational-emotionalen Rolle, vor allem um den Austausch im Forum anzuregen, eine wesentliche Bedeutung beigemessen. Dazu zählt die wahrgenommene soziale Präsenz des Online-Tutors, die einen großen Einfluss auf die Motivation von Teilnehmenden hat (vgl. Bremer 2007: 6). Auch Rautenstrauch hebt die Wichtigkeit sozialer Präsenz bei schriftlicher Kommunikation in medialen Lernumgebungen hervor (vgl. Rautenstrauch 2009: 43). Durch die folgenden Maßnahmen kann soziale Präsenz erzeugt werden, wenn Online-Tutoren in einer virtuellen Lernumgebung:

- Lernende willkommen heißen und zeigen, dass sie wahrgenommen werden,

- respektvolle, konstruktive Rückmeldungen auf Kommentare geben,

- „Lurker" (auch stille Lernende) ermutigen, sich zu beteiligen,

- mit einem humorvollen und umgangssprachlichen Ton (auch „conversational tone") begleiten, der nicht nur für das Konzept der vorliegenden Arbeit als angemessen erachtet wird, sondern erwiesenermaßen für die Entwicklung von sozialer Präsenz in einer virtuellen Lernumgebung geeignet ist.

(vgl. Rautenstrauch 2009: 90).

Im Vordergrund der online-tutoriellen Lernbegleitung des YouTube-Kommentarforums steht die Authentizität eines YouTube-Kommentarforums mit Blick auf ein jugendliches Publikum zu bewahren. Das heißt, das Kommentarforum nicht mit tutoriellen Beiträgen zu überfrachten, sondern Nutzerkommentare zu moderieren und Fragen hinsichtlich der dargebotenen Inhalte zu beantworten.

7 Zusammenfassung und Fazit

In dieser Arbeit wurden die theoretischen Grundlagen für ein Konzept dargestellt, das die Stresskompetenz von benachteiligten jungen Frauen im Übergang von der Schule in den Beruf fördert. Im Fokus der Überlegungen steht, welches Potential dabei Erklärvideos und YouTube sowie die Methode EFT zur Entwicklung von Stresskompetenz für benachteiligte Jugendliche haben. Wie die Auswertung der themenrelevanten Studien deutlich macht, dominieren zunehmend audiovisuelle Kommunikations- und Lernprozesse. Weiterhin wird nachgewiesen, dass Jugendliche Lerninteressen bei der Videonutzung zeigen und YouTube dabei das beliebteste Internetangebot bei Jugendlichen ist. Daher lässt sich aus den Untersuchungen die berechtige Annahme ableiten, dass sich für die Zielgruppe der Einsatz von Video als Vermittlungsmethode und die Verwendung von YouTube für Bildungszwecke besonders eignen.

Dass audiovisuelle Darstellungen sowie die Komponenten Kommunikation und Vernetzung in einem webbasierten Raum neue Lernmöglichkeiten offerieren, konnte anhand lerntheoretischer Modelle begründet werden. Für die Konzeption des Lernangebots zeigte sich, dass sich die genannten Modelle sinnvoll miteinander kombinieren lassen. Die Ergebnisse zeigten allerdings auch, dass ein Forschungsdesiderat hinsichtlich theoretischer Ansätze zu klassischen Filmen als Wissensvermittlung besteht.

Hinsichtlich der Bedarfsermittlung zeigten die Untersuchungen zum Übergangsgeschehen sozial benachteiligter Jugendlicher eine Vielzahl an Risiken auf, die den Bedarf nach persönlicher Stabilisierung rechtfertigen. Zum einen reagiert die Zielgruppe auf Grund ungünstiger Sozialisationsbedingungen mit psychosozialen Problemen, die sie nachweislich daran hindert ihr Potential einzubringen; zum anderen hat die Angebotsstruktur der Jugendberufshilfe das psychische Wohlergehen benachteiligter Jugendlicher zu wenig im Blick. Wie schon eingangs erwähnt, nehmen auf Grund schwieriger Ausgangsbedingungen die psychischen Belastungen zu, was wiederum für junge Menschen in identitätsbildenden Lebensphasen wie im Kontext der beruflichen Entwicklung sogar nachhaltig problematisch sein kann.

Auf Grund der Tatsache, dass EFT eine leicht erlernbare und wirkungsvolle Selbstbehandlungsmethode bei Stressproblematiken ist, wird davon ausgegangen, dass sich Stresskompetenz durch EFT bei benachteiligten jungen Frauen aufbauen lässt. Dabei stellt sich allerdings die Frage, ob sich für die Zielgruppe ein eher fernliegendes Thema wie EFT eignet. Angesichts des begrenzten Umfangs dieser Arbeit konnte EFT nur teilweise mit anderen Methoden verglichen werden. Für die Zukunft ist es sicher eine lohnenswerte Aufgabe zu untersuchen, welche anderen, leicht erlern- und vermittelbaren Methoden sich aus dem Bereich des Stressmanagements für benachteiligte Jugendliche eignen. Dennoch lässt sich die Hypothese aufstellen, dass durch die teilnehmerinnengerechte Lehrmethode Video in Kombination mit YouTube ein Zugang zu einem zunächst entfernter liegenden Thema ermöglicht wird. Um diese Frage eindeutig beantworten zu können, bedarf es allerdings einer empirischen Untersuchung.

Dennoch rechtfertigen die dargestellten Ergebnisse die Aussage, dass die teilnehmerinnengerechte Lehrmethode einen Beitrag zum Abbau von Benachteiligungen leisten kann und die Entwicklung persönlicher Kompetenzen fördert. Zum einen betrifft dies den Bereich der Gesundheitsförderung der Zielgruppe und zum anderen wird der wachsenden Bildungskluft im Bereich des digitalen Lernen entgegengewirkt. Denn trotz der Fülle an (informellen) Online-Lernangeboten kommen Bildungskonzepte, die sich im Internet an sozial benachteiligte Jugendliche richten, selten vor.

Damit Online-Lernen gelingt, ist das mediendidaktische Konzept der vorliegenden Arbeit mit Blick auf die Zielgruppe der Teilnehmerinnen der Jugendwerkstatt SINA und auf die Vorzüge des digitalen Online-Lernens ausgerichtet. Hierbei ist als interessantes Ergebnis hervorzuheben, dass alle Potentiale des Online-Lernens in der Konzeptionierung vollständig zum Tragen kommen. Ferner wurde aufgezeigt, dass YouTube zur Darbietung von Inhalten geeignet ist und sich außerdem als moderierte Lernumgebung für einen Austausch mit einer jugendlichen Zielgruppe wirkungsvoll nutzen lässt. Ob neben der Präsentation von Inhalten der Umgang mit YouTube Lernprozesse bei der Zielgruppe nachweislich unterstützt und fördert, lässt sich, wie alle eingangs erwähnten Forschungsfragen, nur vorläufig beantworten. Inwiefern das Konzept letztlich hilfreich ist, um Stresskompetenz bei benachteiligten jungen Frauen aufzubauen, gilt es im Projekt empirisch zu überprüfen.

Wie diese Arbeit aufzeigt, sind (gesundheitsfördernde) Projekte wirksam, wenn sie die Lebenswelt der Adressaten berücksichtigen und letztlich, wie im Konzept vorgesehen, auch mediale und soziale Bedingungen miteinbeziehen. Die Forschung zeigt, dass medienpädagogische Video-Projekte zwar erfolgreicher sind, wenn Jugendliche an der Gestaltung und Entwicklung der Videos partizipieren können, aber dass der spezielle Inhalt, der vermittelt werden soll, sich nur bedingt für ein medienpädagogisches Video-Projekt eignet. Es kann bei dieser Zielgruppe mit hoher Wahrscheinlichkeit angenommen werden, dass Teilnehmerinnen aus Angst vor negativen Kommentaren Videos, auf denen sie zu sehen sind, auf YouTube nicht veröffentlichen würden. Eine lohnenswerte Aufgabe für die Zukunft wird sein, Lösungen für eine Realisierung von Peer-2-Peer Eigenproduktionen zu finden und die technische Infrastruktur der Jugendwerkstatt zu erweitern – insbesondere aber mit Unterstützung einer EFT-Trainerin regelmäßige EFT-Präsenzschulungen zum besseren Verständnis der Methode anzubieten. Letzteres würde, verknüpft mit YouTube als Lernumgebung, die wohl derzeit erfolgreichste Lernform im E-Learning darstellen: „blended learning".

Damit sich Defizite nicht verfestigen, sollten Bedingungen geschaffen werden, in denen früh Ressourcen entwickelt werden können, wie z. B. in der Schule. Denn zu den arbeitsmarktnahen Schlüsselqualifikationen zählen, neben Selbstlern- oder Medienkompetenz, auch Stresskompetenz. Insgesamt kann festgestellt werden, dass Gesundheitsförderung als Teil der Bildungskette verstanden werden muss. Aus gesellschaftlichem Interesse ist es daher wünschenswert, wenn in Zukunft mehr Wege beschritten werden, Angebote zu entwickeln, die benachteiligte Jugendliche dabei unterstützen, eine bessere seelische Selbstfürsorge zur Bewältigung von Übergängen aufzubauen und damit ihre Ausbildungsfähigkeit zu erhöhen. Solange müssen weiterhin Konzepte, wie die Methode EFT über YouTube zu erlernen, entwickelt und erforscht werden.

Literaturverzeichnis

Aalberse, Maarten & Geßner-van Kersbergen, Servatia (Hrsg.) (2012). Die Lösung liegt in deiner Hand! Von der energetischen Psychologie zur bifokalen Achtsamkeit; Emotionsregulation und Neurowissenschaften. Tübingen: Dgvt-Verlag.

Andrade, Joaquin (2012). Die Lösung liegt in der Hand des Patienten! Techniken der bifokalen multisensorischen Aktivierung BMSA (Bifocal Multi-Sensory Activation) zur Behandlung von Angststörungen, Stressreaktionen, Trauma, Zwang und Depression. In: Aalberse, Maarten & Geßner-van Kersbergen, Servatia (Hrsg.). Die Lösung liegt in deiner Hand! Von der energetischen Psychologie zur bifokalen Achtsamkeit; Emotionsregulation und Neurowissenschaften. Tübingen: Dgvt-Verlag, S. 55-196.

Back, Andrea & Tödtli, Maria C. (2012). Narrative Hypervideos. Methodenentwurf zur Nutzung usergenerierter Videos in der Wissenskommunikation. In: Csanyi, Gottfried, Reichl, Franz & Steiner, Andreas (Hrsg.). Digitale Medien – Werkzeuge für exzellente Forschung und Lehre. Münster: Waxmann, S. 65-74.

Baumgartner, Peter (2003). E-Learning: Lerntheorien und Lernwerkzeuge. In: Österreichische Zeitschrift für Berufsbildung (ÖZB). 21. Jg., H. 3, S. 3-6

Baumgartner, Peter (2006). Social Software & E-Learning. In: Computer + Personal (CoPers), Schwerpunktheft: E-Learning und Social Software. 14. Jg., H. 8, S. 20-22 und S. 34.

Bernhardt, Thomas & Kirchner, Marcel (2007). E-Learning 2.0 im Einsatz: „Du bist der Autor!" – vom Nutzer zum WikiBlog-Caster. Boizenburg: Verlag Werner Hülsbusch.

Bett, Katja & Gaiser, Birgit (2010). E-Moderation. In: e-teaching.org URL: https://www.e-teaching.org/lehrszenarien/vorlesung/diskussion/e-moderation.pdf [2015-12-05].

Beurich, Johann (2013). DorFuchs. URL: https://www.youtube.com /watch?v=EYbvhWEG6kE [2016-03-15].

BMFSFJ (2013). 14. Kinder- und Jugendbericht: Bericht über die Lebenssituation junger Menschen und die Leistungen der Kinder- und Jugendhilfe in Deutschland. In: Bundesministerium für Familie, Senioren, Frauen und Jugend. URL: http://www.bmfsfj.de/RedaktionBMFSFJ /Broschuerenstelle/Pdf-Anlagen/14-Kinder-und-Jugendbericht, property=pdf,bereich=bmfsfj,sprache=de,rwb=true.pdf [2015-11-22].

Bohne, Michael (2010). Bitte klopfen! Anleitung für emotionale Selbsthilfe. 2. Aufl. Heidelberg: Carl-Auer Verlag.

Bremer, Claudia (2007). Kommunikation im E-Learning: Kurs 33052. Hagen: FernUniversität Hagen.

Bundespresseamt (2016). Merkel: Jeder arbeitslose Jugendliche einer zu viel. In: Die Bundesregierung. URL: https://www.bundesregierung.de /Content/DE/Pressemitteilungen/BPA/2016/03/2016-03-19-podcast.html [2016-04-05].

Bünnagel, Werner (2012). Selbstorganisiertes Lernen in Unternehmen. Motivation freisetzen, Potenziale entfalten, Zukunft sichern. Wiesbaden: Springer Gabler

Craig, Gary (2016). In: The Home of Gold Standard EFT™ (Emotional Freedom Techniques). The Most Imitated Healing Method In History. URL: http://www.emofree.com/eft-tapping.html [2016-02-17].

de Witt, Claudia & Czerwionka, Thomas (2013). Mediendidaktik. Studientexte für Erwachsenenbildung. 2. Aufl. Bielefeld: Bertelsmann.

de Witt, Claudia, Kerres, Michael & Stratmann, Jörg (2002). E-Learning. Didaktische Konzepte für erfolgreiches Lernen. In: Schwuchow, Karlheinz von, u.a. (Hrsg.): Jahrbuch Personalentwicklung und Weiterbildung 2003. Darmstadt: Luchterhand, S. 1-14.

DV (Deutscher Verein für öffentliche und private Fürsorge e.V.) (2014). Unterstützung am Übergang Schule – Beruf: Empfehlungen des Deutschen Vereins für eine gelingende Zusammenarbeit an den Schnittstellen der Rechtskreise SGB II, SGB III und SGB VIII. URL: http://www.bagkjs.de/media/raw/DV_Zusammenarbeit_Schnittstellen_SGB_II__III _und_VIII.pdf [2016-01-22].

Döring, Nicola (2014). Peer-to-Peer-Gesundheitskommunikation mittels Social Media. Baumann, Eva & Hurrelmann, Klaus (Hrsg.): In: Handbuch Gesundheitskommunikation. Bern: Verlag Hans Huber, S. 286-305.

EFT-DACH e. V. (2016). EFT. URL: http://www.eft-dach.org [2015-11-22].

Eschenröder, Christof T. (2014). Wie wirksam sind Techniken der Energetischen Psychotherapie, die Exposition mit sensorischer Stimulierung verbinden? In: Psychotherapeutenjournal: 13. Jg., H. 2, S. 148-156.

Euler, Dieter (2001). Manche lernen es – aber warum? In: Zeitschrift für Berufs- und Wirtschaftspädagogik, 97. Bd., H. 3, S. 346-374.

Euler, Dieter & Brahm, Taiga (2013). Resilienzförderung als Beitrag zur Persönlichkeitsentwicklung im Übergang in Ausbildung und Beruf. In: bwp@ Berufs- und Wirtschaftspädagogik – online. Ausgabe 24, S. 1-17. URL: http://www.bwpat.de/ausgabe24/brahm_euler_bwpat24.pdf [2015-09-20].

Feierabend, Sabine, Plankenhorn, Theresa & Rathgeb, Thomas (2014). JIM-Studie 2014. Jugend, Information, (Multi-) Media. Basisstudie zum Medienumgang 12- bis 19-Jähriger in Deutschland. Medienpädagogischer Forschungsverbund Südwest (Hrsg.): URL: www.mpfs.de/fileadmin/JIM-pdf14/JIM-Studie_2014.pdf [2016-02-28].

Geene, Raimun & Rosenbrock, Rolf (2012). Der Settingansatz in der Gesundheitsförderung mit Kindern und Jugendlichen. In: Gold, Carola & Lehmann, Frank (Hrsg.): Gesundes Aufwachsen für alle! Anregungen und Handlungshinweise für die Gesundheitsförderung bei sozial benachteiligten Kindern, Jugendlichen und ihren Familien. (Gesundheitsförderung konkret) Köln: Bundeszentrale für Gesundheitliche Aufklärung. Bd. 17, S. 46-75.

Gerstmann, Markus (2015). „Schau dir das mal an, das ist richtig krass … ". In: merz – Medien und Erziehung, 59. Jg., H. 1, S. 40-44.

Gerstmann, Markus & Gräßer, Lars (2015). Broadcast yourself? Webvideo und die Medienbildung. In: merz – Medien und Erziehung, 59. Jg., H. 1, S. 8-13.

Goldmedia Custom Research (2015). YouTube wird Alltagsmedium. URL: http://www.goldmedia.com/index.php?id=1513 [2015-11-22].

Großkurth, Heike, u.a. (2015). Prekäre Übergangsverläufe: biografische Rekonstruktion von Entstehungsbedingungen risikobehafteter Übergänge. Landeshauptstadt München, Referat für Bildung und Sport – Presse und Kommunikation (Hrsg.). URL: http://www.dji.de/fileadmin /user_upload/bibs2015/1185_Prekeare_Uebergangsverlaeufe.pdf [2016-02-01].

Hanfstein, Wolfgang (2015). Wie und warum Videolearning funktioniert: Ein Blick in die Wissenschaft. URL: http://de.slideshare.net/PinkUniversity/wie-und-warum-videolearning-funktioniert-ein-blick-in-die-wissenschaft-von-wolfgang-hanfstein-pink-university [2015-12-03].

Hartmann, Silvia (2011). EFT Mit Herz Und Seele. URL: http://emotionale-freiheit.com/eft_herz_seele_protokoll_diagramm.htm [2016-02-10].

Hoffmann, Kurt (2013). Zusatzkompetenz durch Lernvideos: Untersuchung zum Einsatz und zur Anwendung von Lernvideos im Fach Rechnungswesen. In: Pauschenwein, Jutta (Hrsg.): Lernen mit Videos und Spielen. Tagungsband zum 12. E-Learning Tag der FH Joanneum. Graz: FH Joanneum, S. 19-28. URL: http://www.fh-joanneum.at/global/show_document.asp?id=aaaaaa aaaaigfek&download=1. [Stand 2015-07-09].

Kerres, Michael (2002). Potentiale von Web 2.0 nutzen: vorläufige Fassung, 5. August 2006. In: Hohenstein, Andreas & Wilbers, Karl (Hrsg.): Handbuch E-Learning. München: Deutscher Wirtschaftsdienst. URL: mediendidaktik.uni-due.de/sites/default/files/web20-a_0.pdf [2014-07-02].

Kerres, Michael & de Witt, Claudia (2004). Pragmatismus als theoretische Grundlage für die Konzeption von eLearning (unkorrigierte Rohfassung). In: Treichel, Dietmar & Meyer, H. Otto (Hrsg.): Handlungsorientiertes Lernen und eLearning. Grundlagen und Beispiele. München: Oldenbourg Verlag.

Khan Academy (2016). URL: https://www.youtube.com/user/khanacademy/featured [2016-03-28].

Kopp, Birgitta & Mandl, Heinz (2006). Selbst gesteuert kooperativ lernen mit neuen Medien: (Praxisberichte Nr. 33). München: Ludwig Maximilians-Universität, Department Psychologie, Institut für Pädagogische Psychologie. URL: http://epub.ub.uni-muenchen.de/906/1/Praxisbericht33.pdf. [2015-11-28].

Küng, Beat (2015). Youtube im Unterricht. URL: http://www.digitalpro.ch/images/Materialien_und_Anleitungen/YouTube/Youtube_im_Unterricht_2015_8.pdf [2015-10-25].

Lauffer, Jürgen & Renate, Röllecke (2015). Bewegte Bilder – Bewegende Pädagogik: Visuelle Medienkulturen in der Jugendmedienarbeit. In: Lauffer, Jürgen & Röllecke, Renate (Hrsg.): Bewegte Bilder – Bewegende Pädagogik. Visuelle Medienkulturen in der Jugendmedienarbeit. München: kopaed verlagsgmbh. (Dieter Baacke Preis Handbuch, 10), S. 11-16.

Lehmkuhl, Kirsten, Schmidt, Guido & Schöler, Cornelia (2013). „Ihr seid nicht dumm, ihr seid nur faul." Über die wunderliche Leistung, Ausgrenzung als selbstverschuldet erleben zu lassen. In: Maier, Maja S. & Vogel, Thomas (Hrsg.): Übergänge in eine neue Arbeitswelt? Wiesbaden: Springer Fachmedien, S. 115-130.

Loviscach, Jörn (2011). Mathematik auf YouTube: Herausforderungen, Werkzeuge und Erfahrungen. In: Rohland, Holger, Kienle, Andrea & Friedrich, Steffen (Hrsg.): DeLFI 2011. Die 9. e-Learning Fachtagung Informatik der Gesellschaft für Informatik e.V. Bonn: Gesellschaft für Informatik, S. 91-102.

Lübcke, Eileen & Welling, Stefan (2015). Videonutzung und -produktion von Jugendlichen aus benachteiligenden Verhältnissen. In: Lauffer, Jürgen & Röllecke, Renate (Hrsg.): Bewegte Bilder – Bewegende Pädagogik. Visuelle Medienkulturen in der Jugendmedienarbeit. München: kopaed verlagsgmbh. (Dieter Baacke Preis Handbuch, 10), S. 48-53.

Maier, Maja S. & Vogel, Thomas (Hrsg.) (2013). Übergänge in eine neue Arbeitswelt? Wiesbaden: Springer Fachmedien.

Niegemann, Helmut M., Domagk, Steffi & Hessel, Silvia (2007). Kompendium Multimediales Lernen. Dordrecht: Springer.

Oser, Fritz & Düggeli, Albert (2008). Zeitbombe „dummer" Schüler: Resilienzentwicklung bei minderqualifizierten Jugendlichen, die keine Lehrstelle finden. Basel/Weinheim: Beltz-Bibliothek/Psychologie Verlagsunion.

Pfeiffer, Anke (2015). Inverted Classroom und Lernen durch Lehren mit Videotutorials. In: e-teaching.org URL: http://www.e-teaching.org/etresources/pdf/erfahrungsbericht_2015_pfeiffer_vergleich_videobasie rter_lehrkonzepte.pdf [2015-12-06].

Philippi, Birte Svea (2016). Erklärvideos selbst erstellen: Techniken, Planung und Umsetzung. URL: http://www.slideshare.net/eteaching/erklrvideos-selbst-erstellen-techniken-planung-und-umsetzung-birte-svea-philippi [2016-03-15].

Rautenstrauch, Christina (2009). Theorie und Praxis der Medien- und Wissenskommunikation: Kurs 33054. Hagen: Fernuniversität Hagen.

Reiland, Christian (2006). EFT: Klopfakupressur für Körper, Geist und Seele. München: Goldmann (Arkana).

Reinmann, Gabi (2013). Didaktisches Handeln – Die Beziehung zwischen Lerntheorien und Didaktischem Design. In: L3T URL: http://l3t.tugraz.at/index.php/LehrbuchEbner10/article/view/93/88 [2015-10-07].

Rösch, Eike & Seitz, Daniel (2015). YouTube als Teil der Jugendkultur – eine kleine Genrekunde. In: Lauffer, Jürgen & Röllecke, Renate (Hrsg.): Bewegte Bilder – Bewegende Pädagogik. Visuelle Medienkulturen in der Jugendmedienarbeit. München: kopaed verlagsgmbh. (Dieter Baacke Preis Handbuch, 10), S. 1-8.

Rummler, Klaus & Wolf, Karsten D. (2012). Lernen mit geteilten Videos: Aktuelle Ergebnisse zur Nutzung, Produktion und Publikation von Online-Videos durch Jugendliche. In: Sützl, Wolfgang, u.a. (Hrsg.): Media, knowledge and education: cultures and ethics of sharing = Medien – Wissen – Bildung, Kulturen und Ethiken des Teilens. Innsbruck: Innsbruck Univ. Press, S. 253-266.

Schön, Sandra (2013). Klappe zu! Film ab! Gute Lernvideos kinderleicht erstellen. In: Pauschenwein, Jutta (Hrsg.): Lernen mit Videos und Spielen. Tagungsband zum 12. E-Learning Tag der FH Joanneum. Graz: FH Joanneum, S. 3-10. URL: http://www.fh-joanneum.at/global/show _document.asp?id=aaaaaaaaaaaigfek&download=1 [2015-10-15].

Seitz, Daniel (2015). Lernen mit und über Webvideo: bewegtbild.net. In: merz – Medien und Erziehung, 59. Jg., H. 1, S. 37-39.

Seitz, Daniel & Rösch, Eike (2013). youtube-genrekunde. URL: https://medienpad.de/p/youtube-genrekunde [2015-10-22].

Siebert, Horst (2003). Pädagogischer Konstruktivismus: Lernen als Konstruktion von Wirklichkeit (Pädagogik und Konstruktivismus). 2. vollst. überarb. und erw. Auflage. München/Unterschleissheim: Luchterhand.

Simpleshow (2015). Bäääm! 5 Regeln damit ihr Erklärvideo rockt! URL: simpleshow.com/wp-content/uploads/simpleshow_Whitepaper_DE.pdf [2015-10-22].

SRF (2015). «EINSTEIN»-SPEZIAL: 10 Jahre Youtube. URL: http://www.srf.ch/play/tv/einstein/video/einstein-spezial-10-jahre-youtube?id=be3a802b-bed8-409a-bdf1-648967337042#t=86 [2015-10-25].

Stangl, Werner (2016a). Die konstruktivistischen Lerntheorien. URL: http://www.stangl-taller.at/ARBEITSBLAETTER/LERNEN/ LerntheorienKonstruktive.shtml [2016-01-09].

Stangl, Werner (2016b). Lernen am Modell – Albert Bandura. URL: http://arbeitsblaetter.stangl-taller.at/LERNEN/Modelllernen.shtml [2015-12-22].

Stecher, Ludwig (2005). Informelles Lernen bei Kindern und Jugendlichen und die Reproduktion sozialer Ungleichheit. In: Zeitschrift für Erziehungswissenschaft 8. Jg., H. 3, S. 374-393.

Stephan, Andreas, u.a. (2010). Autorentool für interaktive Videos im E-Learning. In: Breitner, Michael H., u.a. (Hrsg.): E-Learning 2010. Heidelberg: Physica-Verlag, S. 139-150.

Vohle, Frank & Reinmann, Gabi (2012). Förderung professioneller Unterrichtskompetenz mit digitalen Medien: Lehren lernen durch Videoannotation. In: Schulz-Zander, Renate, u.a. (Hrsg.): Jahrbuch Medienpädagogik 9. Wiesbaden: VS Verlag für Sozialwissenschaften, S. 413-429.

Weyers, Simone (2012). Lebenslauf: Entwicklungsaufgaben, soziale Benachteiligung und Chancen für Prävention und Gesundheitsförderung. In: Gold, Carola & Lehmann, Frank (Hrsg.): Gesundes Aufwachsen für alle! Anregungen und Handlungshinweise für die Gesundheitsförderung bei sozial benachteiligten Kindern, Jugendlichen und ihren Familien. Köln: Bundeszentrale für Gesundheitliche Aufklärung. (Gesundheitsförderung konkret, 17), S. 130-137.

WHO-Konferenz Psychische Gesundheit (2005). Europäische Erklärung zur psychischen Gesundheit: Herausforderungen annehmen, Lösungen schaffen. Helsinki, Finnland. URL: http://bmg.cms.apa.at/cms/preview/attachments/1/4/6/CH1452/CMS1384861294146/europaeische_erklaerung_psyg_ja en_2005.pdf [2016-04-09]

Wolf, Karsten D. (2015). Bildungspotenziale von Erklärvideos und Tutorials auf YouTube: Audiovisuelle Enzyklopädie, adressatengerechtes Bildungsfernsehen, Lehr-Lern-Strategie oder partizipative Peer Education? In: merz – Medien und Erziehung, 59. Jg., H. 1, S. 30-36.

YouTube (2015). Über YouTube . URL: https://www.youtube.com/yt/about/de/ [2015-12-17].

Zwiefka, Natalie(2007). Digitale Bildungskluft: Informelle Bildung und soziale Ungleichheit im Internet. München: Verlag Reinhard Fischer.